1年で10億つくる!

金森重樹

不動産投資の破壊的成功法

ダイヤモンド社

目次

第2章

投資における心構え……43

第3章 危険なワンルームマンション投資……71

第4章 巨額の自己資金なんて必要ない……………97

第5章

RCはアクセル、木造はブレーキ……135

第8章

不動産投資の体験談

プロローグ

年収は金で買え

先日、あるＯＬの方の年収を５００万円から３０００万円にして差し上げました。

というと、驚かれる方もいらっしゃると思いますが、現物不動産投資を始めますと年収３０００万円くらいまでの増加は実に簡単に実現可能です。

その程度の年収では所得税・住民税などの累進税率による税との闘いが本格化していないからです。実際、現物不動産投資は年収３０００万円くらいまでの低所得の場合には、それほど難易度が高くありませんが、それを超えて収入が上がっていけば、その50%以上が所得税・住民税と所得に連動した社会保険料（社会保険料には上限がありますが）などによって持っていかれるため、難易度も上がっていきます。

よく、「年収を紙に書くと実現する」なんて自己啓発の本などに書いてありますが、これからご説明する方法は、そんな雲をつかむような話ではなく、すべて理詰めで年収を増加させるというものです。しかも、あなたの資産を億単位で増加させながら、年収を増加させる方法です。

　年収を増加させることにあくせくしているあなたは、「常識の壁」というものにとらわれています。

「年収を増加させるためには、額に汗して働かなければならない」とか、「年収は、長年かけて少しずつ増加させるものである」とか、そんなものは資本家が労働者をまじめに働かせるために都合がいいから作った嘘のルールなんですよね。

　それにもし気づいていないとしたら、残念ながら、あなたは常識の壁に閉じ込められた常識の奴隷です。

　この常識の壁は、子供の頃に学校の先生や両親から教え込まれることによって植えつけられる、悪い固定観念です。

　年収など、その気になれば急速に、かつ際限なく増加させることができます（ただし、一定以上になると、先ほどの説明のように所得税・住民税、社会保険料との関係で割に合わなくなるので、個人の年収は必要以上に増加させてもしょうがないですが……）。

　では、どのようにすれば年収は、増加させることができるのでしょうか？

　単純な話、「年収はお金で買ってしまえばいい」んです。

「お金を払ってまで年収を増加させても意味がないじゃないか」というあなた、年収がもし仮に自分のお金を使ってではなく、他人のお金を使って買えるとしたら、どうですか？

そして、その他人のお金の返済が、年収が増加した後の、後払いでいいとしたら？

所得移転可能な資産

まず、年収をお金で買うにしても、この年収は移転可能であり、誰もがほとんど管理不要で入ってくるものでなければなりません。

その年収が入ってくるために、多大な労力や時間を要したり、特別な技術が必要であったり、刃《やいば》を血塗る行為が必要であったりしたら、意味がありませんね。持ち運び便利な、移転可能な年収でなければならないわけです。

その意味では、たとえば、企業を買収することによって収入が増加しても、誰もがその企業価値を維持しつづけられるわけではありません。会社経営の能力が備わっていないと企業価値は下落する一方です。

株式を購入しても、相場の分析などの技術を持って売り買いをしていかないと、相場の上下によっては損をしてしまうこともあります。ただ単に保有しているだけで、収入が入ってくるというわけではありません。

世の中のビジネスというものは、大雑把にいえば、

- ●労働集約型産業
- ●知識集約型産業
- ●資本集約型産業

に分かれると思うのですが、その意味では、労働集約型産業と知識集約型産業は、それぞれ手間がかかったり、技術が必要であったりして、所得移転可能な資産ということはできません。

そうなってくると必然的に、資本集約型産業によって、年収の購入を図らなければならなくなってきますが、その際に問題になることがあります。

購入の担保はいつも先に必要

鉄鋼、石油、化学など、どんな資本集約型産業を購入するにしても、融資を受けるためには、先に担保が必要だということです。

でも、世の中の資産の中で、担保がなくても、買ったものを担保に入れれば

融資が受けられる資産がごく少数だけあります。これが、資本主義社会において、富を無限に増殖させるからくりの重要なポイントです。

つまり、自分自身には何も担保がなくても、購入する予定の「それ」を担保として無限にお金の融資を受けることができる特定の資産というものが見つかり、かつ、その資産から収入を生み出すことができれば、「年収は金で買える」ということですよね。

「それ」の購入→年収の増加→「それ」の購入→年収の増加

という手続きさえ繰り返していけば、「それ」の購入代金の返済額が、年収の増加分から得られる増加キャッシュフローでまかなえれば（所得税・住民税などに関してはとりあえず置いておくとすると）、無限に年収が増加していくわけです。

その「それ」とは、収益を生み出す現物不動産です。

収益不動産に投資する不動産投資事業は、購入にあたって、購入する不動産自体を担保に入れることが可能な一種の資本集約型産業です。

不動産を保有すること自体は、会社経営や株式投資と違って小学生にでも可能ですので、その意味では収益不動産からの所得は移転可能な所得です。

不動産は所有と経営が分離しているアセットです。不動産を所有するのがたとえ小学生であったとしても、必ずしもその不動産を自分で管理運営する必要はなく、適切にプロパティマネジメントができる専門家に不動産の管理運営を委託すればいいわけです。

事業主にとって担保がないなどとは……

収益不動産への投資が有効なのは、個人の場合だけではありません。

一般に経営者が銀行から事業資金の融資を受けるときに、担保が必要になる場合があります。

その際に、担保がないなどというのは、事業主にとって計画性のなさの現れ以外の何物でもありません。

たとえば、事業主が収益ビルなどの収益物件を保有しており、年数の経過と共に収益物件購入のための借入金の返済が進めば、返済原資はテナントからの家賃収入なのですから、年数の経過による物件のキャピタルロスを借入金返済額が上回る限りにおいて、この事業主は自己資金を使うことなく数千万円から数億円の担保余力を作り出すことができますよね。

「天はみずから助くる者を助く」といいます。

担保がなければ、自ら計画的に作り出す必要がありますし、それは可能です。

会社が、国民生活金融公庫や信用保証協会などの公的融資の無担保・無保証枠の上限金額を超えて資金調達をする必要が出てきて担保が必要になったとき、自分には不動産投資など関係ない、と無関心だった事業主は突如として壁に突き当たります。

僕が、「通販大家さん」(注)を始めた一つの理由は、サラリーマンに、最低でも10年で3億円の純資産を持ってもらうというものですが、もう一つの隠された理由としては、事業主に自らを上に引き上げるための担保を作ってもらいたいという点にありました。

仮に不動産投資による収益を目的としなくても、事業融資のための担保を自ら作り出せるというのは、大きな魅力ではないでしょうか。

事業主には、融資の悩みを相談する相手は、誰もいません。

だとしたら、自らが自らに手を差し伸べてやらずして、いったい誰が手を差し伸べてくれるというのでしょうか。

通販大家さん＜http://www.28083.jp＞
物件の紹介、融資のアレンジ、不動産投資に関するアドバイスを行う不動産投資顧問会社。

その意味では、事業主にとって、自らの力で担保を作り出す手段がある以上は、「担保がないので融資が受けられません」というのは、無計画以外の何物でもありません。

先ほど、資本主義のからくりに遡って説明を始めたのは、経営者が常識の壁を超えられるように、ファイナンスというものを概念から説明する必要があると感じたからです。

担保は、探すものではなく作り出すものなのです。

お前はいつから億万長者になったんだ？

僕が「年収は金で買え」なんて言うものですから、各方面からいろいろな反発があります。

この反発は、たいていは自分自身を変えたくない人間が、自己を正当化するための言い訳にすぎないので、まともに取り合う必要はないです。

人間には、超えられない壁などないのですが、超えたくない壁はいくらでもあるのですから、別に僕は不動産への投資を強制するつもりはありません。

また、十分に準備ができていない人間が不動産投資をやることは、漆黒の闇夜をライトもつけずに車で疾走しているような危険きわまりないことですから、煽るつもりもさらさらないです。

でも、そのような方は、常識の壁に閉じ込められた奴隷として、その一生涯を壁の外には全く違った世界があるとも知らずに過ごすことでしょう。

先日僕はある方に、ご丁寧にも資産三分法について講義していただきました。

ご説明するまでもないと思いますが、資産三分法とは、資産家が現金、不動産、株式の三つに分けて資産を保有することで、リスクを分散させ、安全性を高めるというものです。

彼は、分散投資をしないで不動産だけに投資するのは資産三分法に反するので危険だというのです。

その方に、僕は言って差し上げたんです。

「で、あなたは資産を何億くらい保有されてるんですか？」

彼は、急に口ごもって、

「いえ……、まだ1000万円足らずですが……」

と答えました。

聞けば、ファイナンシャルプランナーの資格取得の勉強の際に、教科書で資産三分法を学んだとか。

彼は、「過小な自己資本と過大な負債は云々……」と言っていましたが、彼からは何ら実体験を伴う説明は得られませんでした。教科書の受け売りなので、三分法の拠って立つ思想が理解できていないんです。

先ほどの資産三分法の説明をもう一度見てほしいのですが、これはあくまでも「資産家が」「安全性を高める」ための手法なんです。

ただでさえ資産が少ない人間が資産三分法によって分散投資をしても、安定性は高まるでしょうが、成長性は望むべくもありません。

1000万円足らずの資産を安定的に運用して、どうやって老後必要といわれる金額（1億2000万円とも、それ以上ともいわれますね）を作り出そうというのでしょうか。

資産を急速に増大させていく過程では、僕は株であっても不動産であっても、各人の得意不得意に応じて、全資産を得意分野に集中投資することによって、安定性を多少犠牲にしてでも成長性をとる必要があると考えています。

集中投資によって、その分野に関する知識は飛躍的に高まるでしょうし、それによって勝てるチャンスも増加してきます。そして、特定の分野を制覇した後、別の分野を広げていくほうが成功の確率は高まると思います（そこまで余力があればの話ですが）。

「持てる者」は、資産を増やすというよりも減らさないことを重視して資産運用をしますので、安定性を求めます。

「持たざる者」が「持てる者」と同じ戦略をとっていては、その資産格差は拡大する一方です。なぜなら、「持てる者」には、より良質な投資機会が提供されるのが世の常だからです。世の中の儲かる情報は、すべからく持てる者に集中するようにできています。

勝機に果敢に賭けて、「一点突破全面展開」することこそが、「持たざる者」が資産を急拡大する肝なんじゃないかと僕は思っております。

1000万円くらいふっ飛ばしたっていいじゃないかという気持ちで捨て身で闘ってこそ、投資というものは面白くなってくるんじゃないかと思うのです。

一点突破を図ろうとすると、成長局面では当然にB／S（貸借対照表）は決してきれいとはいえない（注）代物になりますが、ある時点からB／Sが改善され、潤沢なキャッシュフローが生まれてくる局面となってきます。

そうなってから、資産三分法について考えても遅くないんじゃないですかね。「持たざる者」が「持てる者」に勝つには、これしかないでしょうね。

B／Sは決してきれいとはいえない
成長局面でのB／Sは、流通性に乏しい固定資産が資産の大半を占め、長期借入金が負債の大半を占めます。また、自己資本比率は非常に低い状態にあります。

自転車と60億

僕の投資手法の裏づけとなる、生きた実例のような方の自宅に先日お邪魔して、缶ビールを飲みながら、事例を勉強させていただきました。

その方は、10年ちょっと前に、ゼロから不動産投資を始めて、自分のお金は一切使わずに、全額中小企業金融公庫からの融資のみでビル22棟、資産総額60億円を作り出しています。

ところが、彼は自分の所有するマンションの一室に独りで住み、趣味の自転車で下町をぷらぷらと移動するという大変質素な生活をしています。

そして、全く偉ぶるわけでもなく、淡々と投資をしているわけです。

自転車と60億ってちょっと面白い取り合わせだと思いませんか?

彼の投資戦略も、特定のエリアにおける商業ビル投資一本槍でフルローンでレバレッジ[注]を効かせ、浮いてきたキャッシュフローをひたすら次のビル投資に回す（実際には法人の利用により繰り越し損失のある企業のM&AやDES（デット・エクイティ・スワップ）などもやります）という手法です。

キャピタルゲイン[注]は一切狙わずに、インカムゲイン[注]のみによって、資産を拡大する戦略です。

レバレッジ＝テコ
借入金によって、自己資金だけではできない大きな投資を行い、自己資金に対する投資利回りを引き上げること。

自己資金がないから不動産投資ができないなんて泣き言は、彼の前では恥ずかしくていえませんよね。

勝負を決するのは、資金力じゃないんです。

要は『やるかやらないか』それだけです。

ビル投資をして成功している方の例を、先ほどのFPの勉強をしていた方と比べてみたときに、ふとバーナード・ショーの格言が頭に浮かんできました。

「できる者は行い、できない者はできない者に教える」

He who can, does. He who cannot, teaches.

融資制度のひずみ

さて、先ほどの年収が500万円から3000万円に上がったOLの話の続きですが、単純な話、2億4000万円の収益不動産を1棟フルローンで買って（諸費用分もカバーの上）、年間の賃料収入が2500万円だとしますよね。

そうすると、そのOLの年収は、500万円から3000万円になるわけです（あくまで年収はですが）。諸費用までフルローンでカバーできたとすれば、

キャピタルゲイン
売買による利益。

インカムゲイン
家賃収入による利益。

そのＯＬは自己資金ゼロで諸費用も入れておおよそ2億５７００万円のお金で、年収３０００万円という地位を買ったわけです。

年収をお金で購入する際に、自分の財布から出したお金はゼロです。銀行の融資という他人のお金を使って購入したわけです。

そして、この賃料収入が下がらない限りにおいては、毎年２５００万円のお金がこのＯＬの手元には入ってきます（実際には、借入金１００％での投資ですので、元利金の返済比率が大きく、本人の手の上に乗るのはずっと少なくなりますが）。

おそらく、そのＯＬが仮に消費者金融からお金を借りようとしても、せいぜい1社50万円が限界でしょう。同じＯＬが、不動産というキャッシュを生み出してくれる資産を購入する場合には、適切な事業計画さえあれば2億、３億のお金を普通に銀行は融資します。この金額はへたをすると、このＯＬの生涯賃金を超えているでしょう。

お金に色はついていませんが、目的が違えば引っ張れる金額が文字どおり桁違いなのです。

これこそが、世の中の融資制度のひずみです。

このひずみの存在に気づいた者だけに、富の扉は開かれるのです。

あるパラダイム（認識の枠組み）において妥当するルールというのは、そのパラダイムの中では非常に効果を発揮するけれども、別のパラダイムにおいては全く通用しないということが世の中においてはままあります。

消費のために使われるお金と、お金を増やすために使われる投資のためのお金では、同じお金でもパラダイムが全く異なるため、ルールも異なるのです。

サラリーマンは大学を卒業してから定年までの法定耐用年数の期間（約40年間）だけ、会社によって使用され、頭と体が耐用期間を経過して使いものにならなくなったら、退職金と引き換えに廃棄処分にされます。

サラリーマンが途中で壊れた（病気、ケガをした）ときでも、大規模修繕の費用は、自腹で支出しなければなりません。

しかし、このOLはリスクをとることによって、みずからキャッシュの流れを作り出し、廃棄処分に怯える生活から一歩踏み出したのです。

日本のエリートと呼ばれる上場企業のホワイトカラーのサラリーマンなどは最も「リスクから逃げ回っている」部類の人間たちです。

リスクから逃げ回る人生を送ってきた人たちが、終身雇用制、年功序列制賃金が崩壊した現在、いったん会社から放り出されると、もはやリスクに対処するすべがありません。どんなに立派な学歴があろうが、どんなに立派な上場企業に勤めていた経歴があろうが、そんなものは会社から放り出されてしまえば何の役にも立ちません。

価値がないのです。

逆説的ですが、リスクから逃げることが最大のリスクなんですね。

もしあなたが、振り返ってみて自分はリスク回避志向が強い人間だと感じたら、意識して価値観を入れ替える必要があります。

リスクに正面から対峙し、そしてそのリスクを自分の意思でコントロールする。捨て身で闘う。

これこそが、あらゆる成功の要なのではないでしょうか。

本書の読み方

特定の成功談を読んで悦に入っているようでは、不動産投資は間違いなく失敗するでしょう。不動産投資においては、同じ物件は2つとなく、そのときの市場環境、金利動向、個別の取引固有の要因も異なれば、個人の資産背景など与信の状況もすべて異なります。

ですから、他人の成功事例と同じことが自分にもできるという保証はありません。

「物件を取得したら成功者」、みたいな内容のサラリーマン向けの大家さん本が最近多いようですが、物件をたくさん買ったらそんなに偉いんですかね。

物件の取得など金を出せばいくらでもできますので、そんな人は成功者でもなんでもないと思います。これが、最終的にエグジット（出口）を迎えて収益率も確定するわけですし、成功したかどうかの判断が下せるわけで、出口戦略がうまいかへたかで最終的な収益率は大幅に変わってきます。

僕はここ1年の間で投資顧問業者として数十億の不動産投資について、自己ポジションでの投資や顧客へのアドバイスを行ってきましたが、その投資が成功したかどうかの判断は出口になってみないとなんともいえません。

「利回り〇〇%超の物件」を買ったから成功者なんですかね。

後ほど出てきますが、見た目は高利回りだけどＩＲＲ(注)を計算したらマイナスなんて物件じゃないでしょうね。出口のところで物件の価額が大幅に下落しているとすれば、その間の期間収益と思っていたものは、実はキャピタルロスを食っていたにすぎないということになります。

また、出口だけでなく運営管理も大切ですよね。

不動産投資における成長戦略を考える場合には、新規物件の取得による外部

IRR＝内部収益率（p.83参照）

成長だけではなく、賃料の引き上げ、稼働率の改善、管理コストの削減など内部にある資源の有効活用を通じて行う内部成長も看過できません。

ですから、物件の取得と同様に、物件取得後の資産価値の最大化にも同じだけの注意を払っていく必要があります。

あと、投資主体の問題も大切ですよね。低所得者の場合、法人の場合、同じ物件でもある人にとってはメリットがあるが、別の人にとってはいい物件とはいえない場合も多いのです。

税の問題も大切ですよね。たかだか数千万円の区分投資であれば、所得税・住民税もたいしたことありませんので、区分中心の書籍では税のことについてほとんど触れられていないケースが多いですが、数億円規模で投資をしていく場合には税の問題は避けては通れないものです。

以上の事柄を頭に入れながら、本書を読んでみてください。

第1章

億単位の借金をしなさい

1 なぜあなたは億単位の借金ができないのですか？

前作、『インターネットを使って自宅で1億円稼いだ！　超・マーケティング』（ダイヤモンド社）では、僕は労働集約型産業の典型である行政書士で年収6000万円を超えるまでの過程と、労働集約型産業の壁を超えて、インターネットを使って行政書士事業を知識集約型産業に昇華させ、年収1億円を突破するまでの過程について詳細に書き記しました。

その中で、「札束に火をつけて燃やせない人間は商売をやめなさい」という趣旨の内容を書いています。

前著からちょっと引用してみますと、

「（毎月数十万円の広告費をネットに投入をすることが）もしできないとすれば、あなたはよほどの幸運か人脈がない限り、残念ながら永久に成功のきっかけを閉ざされています。札束に火をつけて燃やす覚悟がない人間は、商売の世界では勝てませんので。

つまり、それができない限り、あなたは1％の勝ち組ではなく99％の負け組に確実に含まれてしまうのです。

そう言うと、『他人の失敗例を見て失敗しないようにすればいい』と言う方もいらっしゃるかもしれません。ですが、残念ながら、見るとやるとは大違いで、札束を燃やす緊張感の中に置かれてこそ、商売の感覚は研ぎ澄まされて成功への道が開けるのです。

『今は資金的に厳しいから、今度お金ができてからやるよ』とおっしゃる方。

金がないなら、なぜ借金して広告費に投入しないのですか？　一生懸命やって、それでもだめだったら、特定調停なり自己破産なりして、一から頭を丸めてでなおせばいいじゃないですか。そのほうが、負け組になって犬死にするよりもよっぽど学びがあります。

実際、僕が独立して行政書士を始めたときには、貯金がゼロでしたから、借金をして始めましたし、インターネットを始めたときにも、借金をして資金を捻出しています。

念力でどんなに頑張ったって、池の水を動かすことはできないのです。

池の水を動かすには、小石を投げ込むしかないのです。

それと同じで、札束を燃やすことなくしては、客を呼び寄せることなど絶対にできません。」（『インターネットを使って自宅で1億円稼いだ！　超・マー

ケティング』66〜68ページ）

といった内容を書きました。

そして、この『超・マーケティング』を読んだ複数の方から、「借金をして札束に火をつけて燃やすことの大切さは理解できたけれど、怖くて実行できない」というお話をいただきました。

なぜ彼らは札束に火をつけて燃やすことができないのでしょうか？

彼らが恐怖心を抱く理由は「子供の頃の価値観」を大人になっても引きずっているからです。

なぜ彼らは恐怖に支配されるようになってしまったのでしょうか？

人間は、子供の頃は甘いものが好きですが、大人になるにつれて、酸っぱい物や苦いものも好きになっていきます。

これは、苦いものは植物毒など体によくないものである可能性が高く、また酸っぱいものは、腐敗物によってできる乳酸によって酸味が感じられる可能性があるため、危険回避のために子供は本能的に苦いもの、酸っぱいものを嫌うからのようですね。

ところが、大人になると、苦いものが必ずしも毒ではないことを学びますし、酸っぱいものが必ずしも腐敗物ではないことを学んでいます。

ですから、必要以上の危険回避をすることなく、梅干やビール、ふきのとう等の酸っぱいもの、苦いものも好むようになるわけですね。

つまり、味覚は後天的な学習によって変化し、過剰な危険回避行動はとられなくなっていくわけです。

ところが、ひとたび事がお金に関することになると事情は全く違います。お金に対する危険回避行動は大人になっても変わらないことが多く、このため、彼らは恐怖心を抱いているのです。

子供の頃の常識は大人になったら常識ではない

子供の頃は、「借金は危険なことである」との教育を受けると思います。

子供にとって、「借金は危険なことである」というルールは妥当性を持ちます。これは、子供がたいていの場合には消費主体であって、経営者や投資家ではないからですね。

消費主体としての子供にとって、借金は危険な場合があるということです。

また、借金が危険であると教える教師自体、生まれてこの方、給料を「もらった」経験はあっても、自分で事業や投資で「稼いだ」経験がないため、借金が危険なものであると、心底思っているのでしょうね。

この子供の頃に教えられたマネー教育を大人になった今でも当てはまる常識だと信じている人のなんと多いことか。

ところが、いったん事業経営を始めるとなると、運転資金、設備資金と借金をして事業を展開していかないと財務レバレッジは効いてきませんし、投資の場合でも、自己資金（エクイティ）に借り入れ金（デット）を加えてレバレッジを効かせられないと、自己資金だけでは投資効率を最大化させるような投資はできません。

つまり、借金自体は、その調達コストを上回る収益を上げられる限りにおいては、何の問題もないばかりか、事業経営、投資活動においては必要な、

「借金それ自体は、善でも悪でもなくニュートラルな存在」

なわけです。

ところが、毎月決まった日に与えられた給料をもらうばかりで、自分で稼いだことのない教師たちによる悪しきマネー教育が子供時代に施された結果、子

供の頭の中には「借金は悪である」という価値観がこびりついてしまっているのです。

とんでもない話です。

学校の教師は、確かに学問に関しては専門家かもしれません。人格的にも優れた教育者であるかもしれません。そのこと自体は僕も否定するつもりはありません。

しかし、「お金に関する能力」においては、学校の教師よりも、学校の授業参観に来ている中小企業のオヤジさんのほうが何倍も優れているケースが多いのです。

ハロー効果

心理学の用語でハロー効果というものがあります。

ハロー効果とは、エドワード・L・ソーンダイクという心理学者の実証的研究で明らかにされた心理学的な効果で、ある対象の顕著な特徴に影響されて、他の特徴についての評価が歪められる現象のことをいいます。

たとえば、学校の先生が物知りであることをもって、人格的に優れていると か、「お金に関する能力」においても先生の言うことが正しいと評価してしまう誤認などは、ハロー効果に振り回された結果です。

物知りであることと、「お金に関する能力」があることとの間には、何の関連性もありません。

本当は「何を言ったか」のほうがずっと大切であるにもかかわらず、「何を言ったか」ではなく、「誰が言ったか」に注意を向ける人間のなんと多いことか。

学校の先生は、「お金に関する能力」においては、素人です。それは、いくらご本人が「自分は経済観念が発達しているんだ」と主張しようとも、本人が貧乏人であれば虚しい主張です。学校の先生に「お金に関する能力」がないことは、皮肉にも学校の先生の経済状態そのものが証明しています。


そんな学校の先生に洗脳教育を受けた子供が大人になるわけですから、「札束に火をつけて燃やすことの大切さは理解できたけれど、怖くて実行できない」といった状態の一種の強迫観念が植えつけられてしまっていて、頭ではわかっていても心がいうことを聞かず、借金をしての事業投資への過剰な危険回避行動をとる大人ができあがってしまうのでしょうね。

2

横並びのサラリーマン根性

日本人は、これまで横並びで来ました。学校内においても、会社内においても、独りだけ目立つことは禁止され、隣近所において他人がどのような行動をとっているかということを基準として考える、横並びの考え方で何の問題も発生しませんでした。

そのため日本には、「他の人がやっていることと同じことをしていれば、安全だ。仮にもし全員が危険になったら、最後は政府がなんとかしてくれる」という、とんでもない共同幻想を抱いている人間が増殖してしまっています。

特に年功序列・終身雇用制の企業システムの内部では、同期の人間の昇進・昇給もそれほどの大差がなく横並びで来ました。皆が同じ給料をもらい、皆が同じマイホーム、カラーテレビ、自動車を買って1億総中流、皆が平等であると考えていました。その意味で、日本は最も成功した共産主義国家であったということができます。

最後は政府がなんとかしてくれるという幻想、そして1億総中流という幻想が原因で、自分がリスクをとりもしないのに、他人が億単位で儲けているとそれをうらやましがったり、妬んだりする人間が大変多いのです。自分は何の努力もせずに、結果だけ他人と同じ、平等でいたいわけです。嗚呼、すばらしき共産主義国家かな。

現象面だけ見て、「自分だって知っていれば儲けることができたんだ」とか、「あのとき、自分にチャンスさえ与えられれば、自分のほうがもっとうまくやれたはずだ」とか言ったりします。

そのような言動は特に日本のエリートサラリーマン、公務員など自分の生活が保証された人間に顕著です。

でも、本当は違いますよね。

チャンスがなかったなんて言うなよ、度胸がなかったんだろお前？

他人をうらやましがっている人間に、僕が「前回はチャンスをご提供できなくてすいませんでした。今回は、前回の方と同じ物件をご紹介します」と言って、投資物件をご紹介すると、途端に「借入金○億円が、もし返済できなくなったらどうするんだ？」とか、「空室が出たら家賃は保証してくれるのか？」

とか、「借入の際の連帯保証人はなしで済ませられないのか？」とか、自分が責任をとらずにリターンだけを得られる方法がないかと、必死になって探し始めます。

そして、最終的には「自分には、リスクが大きすぎますので、今回は購入は辞退します」と言い出す始末。

これが、チャンスがなかったと言う方にチャンスをご提供した場合にありがちな顛末です。

リスクをとりもせずに、高額のリターンだけ求めるさもしい姿には、この人はどこまで欲深いんだろうと思わずにはいられません。彼らの一方的な話を聞いていて、これが、世間でエリートサラリーマンといわれる人々の姿かと心根の卑しさに、まともに相手にするのが嫌になります。

彼らの辞書には、「自己責任」という言葉は載ってないのでしょうか。日本はいつから共産主義国家のような考えがしみついた人間だらけになってしまったんでしょうか。

リスクを負う覚悟のない人間は、他の人がどんなに儲けていても、むやみにうらやましがったり妬んだりしてはなりません。貧乏人でいることに甘んじて、じっと辛抱してください。

リスクを負う人間のおこぼれをもらって、それで我慢するのです。

リスクを負わない人間には、リターンを得る資格がないのですから。

投資においては99%の人間が失敗し、大衆はいつも敗北者なのです。

他人の意見に左右されてはいけません。耳と耳の間にあるものを使って自分で考えるのです。

例外的に、意見を聞いてもいい人間とは、膨大な失敗の山の上に成功してきている人間です。

99%が負け組となる中で勝者となるには、自分を信頼する必要があります。自分の判断こそがすべてです。

自分自身を信頼する人間は、周囲の環境に左右されませんので、失敗するとしても自分自身の内部的な原因により失敗します。その場合、どの部分に判断ミスがあったのかを冷静に分析することによって大部分の問題は解消します。

失敗するたびに、失敗によっていろいろなことを教えてもらい、失敗から学び、必ず上達していきます。

ところが、周囲の意見に左右される人間は、自分の判断ではなく周囲の意見を信頼して、それによって意思決定をしたわけですから、失敗してもそれは周囲の意見という、自分ではどうすることもできない要因によって失敗していきます。自分の頭で考えていないわけですから、学びがないわけで、上達もしません。次回もまたゼロからのやりなおしです。

さらに悪いことには、周囲の意見によって意思決定を下した人間は、外部の環境が悪くなってくると、簡単に自分の判断を変えてしまいます。

これは、もともと自分の判断に何の根拠もないからで、一時的な外部の環境の変化に過敏に反応して、せっかくうまくいくチャンスが待っているのに、途中で変更して、みすみすチャンスを台無しにしたりします。

自分自身を信頼する人間は、多少の外部の環境変化があっても動じず、信念に従って一貫した判断をしますから、最終的にはうまくいくことが多いのです。

自分が自分を信頼してあげないで、誰が自分を信頼してあげられるのでしょうか?

「儲」という字は「信」じる「者」と書きます。どんなに負けが込んでいようが、絶対に最後まで自分を信じて儲けを手にしてください。

そして、自己責任の腹を決めた人が本書によって知識を得るときに、初めて成功への扉が開かれます。

3

マイホームの購入こそ、やってはいけない危険な投資

でも、世の中ってわからないものですね。先ほどのエリートサラリーマンのように、安全だけを求めて借金から逃げ回っているのと同じ方が、一生涯かけて支払う巨額の借金をして、危険な不動産購入をしていたりします。

それは、マイホームの購入です。

僕は、別事業として法務事務所を経営していまして、借金相談の案件もあるのですが、多重債務に陥る方の中にはギャンブルやブランド品の購入などの浪費型ではなく、住宅ローンの支払いができなくなって多重債務に陥る方が少なからずいます。この住宅ローン破産の多くは、平成12年3月末で廃止された住宅金融公庫の「ゆとり返済」を利用したものです。

本書はマイホーム取得の本ではありませんので、概略のみにとどめますが、ゆとり返済は借入後5年間の返済額を抑え、6年目から返済額が増加するものでした。

これは、消費者の視点から見れば、本来住宅の購入能力がなかった層に住宅取得の道を開くものでしたが、国の目的はそんなところにはなかったのです。

バブル経済の崩壊後の不況の中で、国は公庫融資を拡大し、住宅購入者の掘り起こしをすることで、住宅関連産業による内需拡大と景気の下支え、地価下落の下支えを図ったわけです。景気回復のための住宅購入者の掘り起こしにあたっては、通常住宅を購入可能な層だけでは足りず、本来住宅を購入する能力がない者にも「ゆとり返済」制度を使って、高額のローンを住宅金融公庫で組ませることによって住宅を売る必要がありました。

名前こそ「ゆとり」とされている、「ゆとり返済」でしたが、実際にはゆとりどころの話ではなく、もともと住宅を購入する能力がなかった方たちは、物件価格の100%まで目一杯の融資を受けておりました。そして、景気の悪化のために6年目以降に想定されていた昇給はなく、ボーナスも減額され、地価の下落によって担保割れで抵当権の抹消ができなくなったため、物件を売ることも、買い替えることもままならない状況に陥ったのです。

なぜ購入者は自分の与信限度一杯まで融資を受けてしまうのでしょうか?

それは、不動産会社の営業担当者が購入者の自己資金・年収・年齢などから融資可能額の上限を割り出して、その上限一杯の金額の物件を提供するからです。不動産会社としては、高ければ高いほど売上が上がって好都合なわけですから、必ず融資可能額上限の物件を勧めてきます。

しかし、これは融資可能額の話であって、融資可能額と返済可能額には開きがあります。実際には、年収からは所得税・住民税・社会保険料が引かれますので、可処分所得で計算した返済負担率は、額面で計算したときよりも高くなります。それで、住宅購入者は最終的にはボーナス返済分が払えなくなって、消費者金融に手を出して多重債務に陥り、自己破産というケースが非常に多いのです。これが、自分の頭で考えなかった人々の末路です。

簡単にいえば、国家ぐるみで景気浮揚策のために低所得者層をカモッたわけですね。カモられた当の本人はというと、「住宅金融公庫という公的機関がやることだから間違いない」と思っていたところが、大変な状況に陥ってしまう。しかも、それが国家ぐるみで仕組まれたことにすら気づかず「景気が悪いのだから仕方がない」と納得してしまう。

子供の頃、「借金は危険である」と習ったんだったら、消費のための借金をしなければよいのですが、もう一つのルールである「横並び」によって、同僚がマイホームを買うと、自分も年収の何倍もの借金を負って買いたくなる。そして、一生涯をかけて高額の住宅ローンを支払わされることになるわけです。

住宅ローンは、返済原資が自分の労働によるものですよね。ですから、昇給が止まったり、ボーナスが減額されたり、病気になって働けなくなったりすれば、債務不履行になるわけです。

これに対して不動産投資は、自分が働かなくても入居者からの賃料収入によって借入金を返済していけばいいわけです。

また、金利が上昇した場合でも、住宅ローンの場合には、返済金額に直接跳ね返ってきますが、不動産投資の場合には、金利は経費となりますので、金利が増加した部分の所得は削減されることになります。すると、減少した所得の部分に本来かかっていた税金はかからなくなりますので、金利上昇のリスクはその分だけ和らぎます。

借入金の資金調達コスト＝借入金金利×（1－実効税率）

ですから、考えてみてどちらが債務不履行になる可能性が高いかというと、不動産投資よりも住宅ローンのほうが、債務不履行になるリスクは高いといえます。

実際、多重債務に陥って相談にみえる方も、住宅ローンが原因の方が非常に多い半面、収益物件のオーナーで多重債務に陥っている方はほとんどいません。

コントロールされた10億円の不動産投資よりも、５０００万円の住宅ローンのほうがよっぽど危険なのです。住宅購入などの消費活動のために、借金をしてはなりません。危険な借金です。

一方、繰り返しになりますが、借金自体は、その調達コストを上回る収益を上げられる限りにおいては、何の問題もないばかりか、投資活動においては必要な、「借金それ自体は、善でも悪でもなくニュートラルな存在」です。投資のための借金を恐れてはなりません。

また彼らは騙されたわけですが

今、メガバンクは、当初固定金利選択型で3年間固定0・95％にする住宅ローンのキャンペーンをやっていますね。「ゆとり返済」でいつか来た道だと思うんですが……。

住宅を購入する資格のない低所得者層から収奪しようという魂胆が、見え見えですね。不動産屋は、「住宅ローン控除の追い風もありますし、金利キャンペーンの今がチャンスです！」と煽り、当初固定型で月々の返済金額を抑えた目一杯の返済シミュレーションを組みますし、マイホーム購入者は購入の基準を自分が購入可能な借入上限金額に設定するでしょう。そして、3年間の優遇金利の期間が終わったときには……。

金利優遇商品はマーケティング的にいえば、フロントエンド商品(注)というもので、顧客をより収益性の高い商品に誘い込むために、敷居を低くしているわけです。

しかも、普通のマーケティングよりも巧妙なところは、フロンドエンド商品を消費した段階（固定期間の3年を経過した段階）で、顧客からはバックエンド商品を購入するかどうかの選択肢は奪われているという点です。彼らは、より高い金利となっているバックエンド商品を購入するか、さもなければ、ローン全額の一括返済をするしか方法はありませんが、彼らには一括返済するだけの資力がないからです。

彼らは、フロントエンド商品に手をつけたときから、銀行の懐深くに誘い込まれるように運命づけられています。彼らが罠にはまったと気づいたときには、もう動脈にまで食らいつかれていて、そこから抜け出ることはできません。騙されるのはそもそも、低所得者なんですから、ローンの全額一括返済など望むべくもないからです。

当たり前の話ですが、

借入可能額と返済可能額は違います。

銀行は貸すのが仕事ですから、借入可能額∨返済可能額だということは、耳と耳との間についているものを使って考えればいいわれなくても常識ですよね。

また彼らは騙されたわけですね。

フロントエンド商品
最終的に売りたい商品（バックエンド商品）の見込み顧客を集めるための、より低額または買いやすい商品。

4

ベンツは4年落ち

不動産投資と住宅ローンの関係はといいますと、不動産投資をする人間は、住宅ローンは基本的には組むべきではないですし、不動産投資をするにあたっても、銀行は住宅ローンを組んでいますと不利に扱います。住宅ローンがあった場合、絶対に不動産投資ができないかというと、ローン残債と不動産の評価額との関係、保証人などの状況、その他の資産背景によって一概にはいえませんが、ローンを組んで間もない場合には、ローン残債がオーバーローン状態になる可能性がありますので、その場合にはマイナス評価になります。

どうしてもマイホームが欲しい方は、順序を逆にしてはいかがでしょうか。まず、投資物件を何棟か買って、余剰キャッシュフローで十分に住宅ローンの返済が可能になった段階でマイホームを買う。または、投資物件の中でも最上階をオーナールームとしている物件を狙って買う。

順番を間違わなければ、両方とも手に入りますよね。

人生において大切なことは、どういった順番で物事を進めていくかです。正しい順番でやれば、両方とも手に入るはずのものが、間違った順番でやれば永久に手に入らない場合があります。

コップに石と砂と水を入れるときに、石を先に入れると、次に砂をその隙間に入れることができます。さらに砂を入れた後であっても、水をその隙間に入れることができます。

ところが、最初に水を入れてしまっては、砂と石をたくさん入れることができませんね。

メルセデスベンツをせっせと貯金して買うようでは、一生富の扉は開けません。具体的には、次のようにして2年ごとにメルセデスベンツを買うようでないとダメです。

減価償却資産(注)の耐用年数等に関する省令3条には、中古資産の耐用年数を計算する簡便法として次のような規定があります。

法定耐用年数の全部を経過しているとき

耐用年数＝法定耐用年数×20％

中古資産が法定耐用年数の一部を経過しているとき

減価償却資産

建物などの資産は時間の経過とともに価値が減少し、このような資産を減価償却資産といいます。この減価償却資産の取得に要した費用は取得した年に全額費用計上するのではなく、使用可能な期間（これは、建物の構造によって財務省令別表で法定耐用年数が定められています）にわたって、毎年費用として配分していきますが、この費用配分の手続きのことを減価償却といいます。

耐用年数＝法定耐用年数－経過年数 ＋ 経過年数×20％
（1年未満の端数切捨て。最短2年）

新車の耐用年数が6年ですから、
4年落ちの場合
6－4+4×0.2＝2.8　で2年
5年落ちの場合
6－5+5×0.2＝2.0　で2年
6年落ちの場合
法定耐用年数の全部を経過しているため最短の2年

となって、メルセデスベンツは4年落ちであろうが、6年落ちであろうが2年で落とせます。どうせなら、ちょっとでも新しいベンツのほうがいいですよね。不動産投資や事業投資をやっていて、節税も兼ねて車両を購入する場合には、4年落ちの車を購入するのがベストということです。

世の中には、汗水たらして働いたお金をせっせと貯金して、やっとの思いで外車を買う人たちと、節税のためにしょうがないから買う人たちがいます。

物事の順番を入れ替えるだけで、こんなにも違った世界と違った物の見方が出てくるのです。

その間に力量の差は、ほとんどありません。同じ貯金してできた資金を元手に消費活動を先に行うか、投資活動を先に行うかだけの違いです。

高級外車を頻繁に乗り換えている人たちが、なぜそんなことが可能であるのか、そこに思いが至らなければ、富の扉はあなたの前に永遠に閉ざされるでしょう。

第2章

投資における心構え

1　コンフォートゾーンの変革

あなたは、自分の資産をいくらまで増加させたいですか？

10億？　50億？　１００億？　それとも……


「コンフォートゾーン」という言葉があります。

自分のセルフイメージ（自己像、つまり自分自身についてどのようにとらえているか）が居心地よく感じる領域です。このコンフォートゾーンに、人間の一生というのは非常に大きく左右されます。

それは、個々人の能力、ビジネスチャンス、資金力がかすんで見えるほど大きな影響力を持ちます。コンフォートゾーンに比べれば、これらの影響は微々たるものです。


子供の頃に、両親や学校の先生から「足るを知れば辱められず、止《とど》まるを知れば殆《あや》うからず（老子）」とか、「上を見たらきりがない」、「分相応」と刷り込みをされて、仮にあなたのセルフイメージが「自分は、定年のときに退職金で住宅ローンを払い終わって、自宅と貯金が２０００万円もあればいいよ」というイメージだとします。そうすると、あなたはそのとおりの人間になり、定年時には２０００万円が手元に残ります。

あなたが実際にそれ以上の資産額を手にしようとすると、あなたのセルフイメージはあなたの意識にブレーキをかけることになります。

そして、セルフイメージ以上に資産が作れるチャンスが到来して（たとえば、非常に収益性の高い物件を知人の海外移住に伴って譲ってもらえる話がきて、一気に資産を10倍に増やせる可能性がある場合とか）、そのチャンスを実際にモノにできるだけの資金力などの実力が伴っていたとしても、「本当に自分はこんなに資産を持っていてもいいのだろうか。これは本来の自分の実力からすると分不相応だ。今はたまたまうまくいっているだけで、定年がくる頃にはやっぱり２０００万円くらいなのだろうな」と、自分がうまくいっていることに対して落ち着かなくなるのです。

そして、自分のセルフイメージに合わせるように、あなたは無意識に資産拡大の手を緩めるのです。あるいは絶好のチャンスをみすみす見逃してしまうのです。あるいは一時的に資産を増やすことがあったとしても、自分では必要と感じられる事柄に使ってしまい、資産を減らしてしまいます。

そうすると、最終的には、定年になる頃には貯蓄額も予定していた２０００

万円くらいで落ち着いて、「ああ、やっぱり自分の人生はこんな程度なのか」とあきらめながらも、自分自身でその数字を快適だと思ってしまいます。

成功回避傾向

人間は、失敗するのが怖いのと同時に成功することも恐れているのです。

これを「成功回避傾向」といいますが、成功に伴って、厄介なことが発生してくる可能性がある場合に、成功を自分から抑制してしまう傾向です。「物事がうまくいくこと」「成功すること」を怖がる人たちがいます。

たとえば、中間管理職の方がいきなり部下を１００人以上も抱える取締役に大抜擢された場合に、責任と不安にさいなまれて素直に喜べず、現在のままでいいと考えたり、鬱病になってしまったりするのがこの成功回避傾向に当てはまります。

この成功回避傾向があるため、実力があるにもかかわらず物事にチャレンジしない人のなんと多いことか。失敗して傷つくことこそが大切で、そこから重大な学びの糧を得ることができると思うんですけど、最初から失敗を避けていて失敗しない人は、大きな成功も収めることができないでしょう。

とてつもない成功を目指して、向こう傷を恐れない方でないと不動産投資はうまくいきません。

あなたが自分のセルフイメージを低く持っていれば、そのセルフイメージ以上の人間にはなりようがありません。

あなたが資産10億円だとか50億円のセルフイメージを持っていれば、２００0万円など当たり前ですから、自分の投資にブレーキを踏むことはありません。自分で自分にブレーキをかけないで加速していけるように、この本を読んで抜本的にあなた自身のセルフイメージを変えてしまう必要があります。

僕が独立してから

僕は、サラリーマンを辞めていちばん最初に取り組んだ仕事が行政書士の仕事でした。行政書士を始めた頃、皆にさんざんバカにされました。

行政書士はだいたい、平均年収が３００万円の世界です。デベロッパーで年収１３００万円をもらっていた僕が会社を辞めて行政書士になるというのですから、周囲がバカにするのも無理はなかったでしょう。

そのうえ、開業したらしたで、税理士や、司法書士や、弁護士からもさんざん見下される発言をされました。そういう人たちは資格の上下で世の中を見る傾向があるんですね。

ある税理士などは、ひどかったです。僕が、相続の冊子を作りたいので「お金をお支払いしますので原稿を作っていただけませんか?」と頭を下げてお願いにいったのですが、さんざん行政書士を見下す発言をして、僕のことを侮辱しました。その税理士は結局、電話では依頼を受けるといっていたにもかかわらず、原稿を作ってくれず、一人とぼとぼと帰途についた記憶があります。

でも、僕は業界の平均年収とは無関係に、5年以内に行政書士で年収1億円を稼ぎ出すというセルフイメージを持っていました。

『**僕は、こんな侮辱されるような人間ではない。僕は必ず5年以内に行政書士で年収1億円に到達する人間だし、マーケティングの神が僕には宿っている**』。

そんな思いを奥歯でぎりっと噛み締めて、いつかこいつはキャンといわせてやらないといけないなと思っていました。

するとどうでしょう。5年どころか独立して3年目には、僕は行政書士事業で業界平均の33倍を超える年収1億円を突破することができました。おそらくこれは1億円突破の歴代最短レコードでしょう。また、マーケティングの業界においても何冊か書籍を出版し、皆に知られるようになりました。

また、僕はその後も何人かの税理士、司法書士、弁護士に、行政書士を見下す発言をされたことがありましたが、その方たちには、収入で負けていませんでしたので「悪いけど、あなたいくら稼いでるんですか?」と切り返すと、そのような方はたいていは急におとなしくなりました。

資格をひけらかす方が急におとなしくなる理由は、立派な資格を持っていてその程度の経済力しかないのですから、そっちのほうがよっぽどカッコ悪いということに、改めて気づかされるのです。そうなると、上位の資格を持っているという意識が逆に作用してしまうのですね。

相手に見下されることは、とてもいいことです。この見下されたという意識がエネルギーとなって経済的な成功の原動力になったときに、人は大きな飛躍を遂げることができます。

ここでの本旨ではありませんので、詳細は避けますが、僕には独立開業したときに、金、コネ、人脈は全くありませんでした。あるとしたら、ただ一つ。『僕は、こんな侮辱されるような人間ではない。僕は必ず5年以内に行政書士で年収1億円に到達する人間だし、マーケティングの神が僕には宿っている』。

この心の中に宿ったセルフイメージだけです。

でも、このセルフイメージはどんな資産より、能力より、人脈より僕を助けてくれました。

だから僕は、不動産投資においても、このセルフイメージは他の何よりも重要だということが真理だと直観しています。

僕は不動産ビジネスを始めるときに、「不動産投資家として、僕は最低でも

20年で資産100億円を作る人間である」というセルフイメージを持ちました。

これをともし火として、僕は事業に取り組んでいます。

金儲けは最大のボランティア

あなたが自分のセルフイメージを変えれば、世界は変わります。

周囲の人たちの中には、リスクに怯えるあまり、あなたのセルフイメージの足を引っ張るネガティブな情報や考えを持っている人もいますから、その考えに毒されないようにしてください。遠慮することはありません。ぶっちぎりで資産を拡大してください。そして、周囲の妬みは無視してどんどん加速するのです。

周囲の人間が、「世の中金だけじゃない」とか、「金で買えないものもある」とかもっともらしい発言をすることがあっても、その本質は妬み、嫉妬です。

あなたは、まず不動産投資によって経済的な安定を目指してください。

経済的な安定があって、しかる後に社会正義とか弱者の救済、ボランティア活動をすればいいと思います。

そもそも不動産投資を始めると、「世の中金だけじゃない」と発言している、理屈ばかりこね回している人たちの年収の何倍もの所得税、住民税、事業税、固定資産税を払うことになりますので、不動産投資をすればするほど社会に貢献することになります。

キャッシュフローを考えれば、現物不動産投資は税金を払うためにやっているようなものです（上場不動産投資信託(注)が平成20年3月31日までは分配金配当所得に対しての課税が10％の源泉徴収であるのとは大きく異なります）。

金儲けは最大のボランティアなのです。

マズローの欲求5段階説を挙げるまでもなく、人間は、経済的な欲求が十分に充足されれば、自然に社会的に認められたいという承認の欲求が出てきます。念のためにマズローの欲求5段階説を説明しておきますと、人間の欲求は5段階のピラミッドになっていて、低次の欲求が満たされれば、より高次の欲求を追求するというものです。欲求の段階は、順に①生理的欲求（食欲、性欲、睡眠欲など）、②安全の欲求（健康、経済的な安定）、③所属欲求（集団に参加したい）、④社会的承認の欲求（社会的に認められたい）、⑤自己実現の欲求（自分の能力、可能性を開花させたい）であるといいます。

とりあえずごはんが食べられるようになって、生活が安定してくれれば、次第に世の中の役に立つこともしたくなるものです。でも、第2段階の経済的な安定がないままには、ボランティアだって続けられません。

上場不動産投資信託＝J-REIT
投資家から集めた資金を不動産に投資し、賃料収入や売却益を配当として分配するもの。

経済的な安定がなければ、自分のことに忙しいでしょうから、社会的な正義の実現とか弱者の救済なんかできないのです。

「世の中金だけじゃない」と言う人たちは、儲けられないことを合理化するために、そのように主張しているのです。

もう少し、詳しくご説明します。

人間は、自分の欲求不満が合理的な方法で解消されない場合に、非合理的な適応の仕方をして、自分を守ろうとします。これは、フロイトが打ち出した防御規制という概念です。

このうちで、「合理化」というものがあります。これは、自分の本当の欲求を自己欺瞞で偽り、自分が今置かれている状況を正当化しようとすることです。

イソップ物語で、「酸っぱいブドウ」という話があります。キツネが、高いところにあって、手が届かないブドウを見つけたのだけど、食べることができません。それで、どうしたかというと、「あれは、酸っぱくておいしくないんだ」と言ったわけです。

ブドウの価値を相対的に引き下げることによって、自分自身の欲求不満を処理しているのです。その本質は、「負け惜しみ」だということができます。

本当は、彼らだってお金儲けはしたいだろうし、頑張っていた時期もあったと思います。ですが、いろいろやってみて、自分には金儲けの能力がないとはっきりとわかった結果、欲求不満が生じたわけです。その結果、自分の金儲けに対する欲求と、自分が今置かれた状況である稼ぐ能力がないという現実のギャップを解消しようとして、「世の中金だけじゃない」という発言をするわけです。ですから、そういう人に限って、金に汚かったりします。

これが、行きすぎるとニーチェの言うところのルサンチマン(注)となり、遂には、「金持ちは悪いことをして儲けているから金持ちなんだ。だから、貧しく生きることのほうが正しい」などという捻じ曲がった価値観になってしまいます。

このようなネガティブな情報は無視しましょう。そのような人たちの言葉の裏には、このような欲求不満が隠されているのです。こんなことを頭の片隅にでも置いていたら、投資とかお金を稼ぐことに罪悪感を感じ、心理的にブレーキがかかってしまいますから。

投資に対して罪悪感を感じることなく、まず経済的な安定だけに意識を集中してください。そのためには、この本に書いてある知識や情報を吸収して、セルフイメージをポジティブなものへと変えていく必要があります。

ルサンチマン
強者に対する弱者の憎悪や復讐衝動などの感情が内攻的に屈折している状態。

2 人間の認識の不完全性

僕は、「通販大家さん」という不動産投資を支援する会社をやっています。

具体的には、サラリーマンの方でも頭金ゼロから10年間で3億円の純資産を作る支援サービスを提供しているのですが、相談にみえた方に「自分にはできません」と言われることがあります。つまり、自分には、生涯賃金を上回る金額の資産を10年間で作ることは不可能であるというのです。

これは、単に自分のコンフォートゾーンが低いという問題ではなく、彼の認識では、論理的に不可能だという意味です。

で、なぜそのような判断をするかというと、その人の判断のもととなる、脳内に蓄積されているデータベースが、現実世界と微妙にずれているからです。

不完全なデータベースと照合して、判断を下すわけですから、解に到達する道筋が見えてこないわけです。そうすると、実際には可能なことであっても不可能に見えてしまうわけですね。

たとえば、あなたが目の前に、石、ガラス、鉄を出されて、この中から液体のものを探せといわれたらどうするでしょうか?

普通の方でしたら、手で触ってみて固い物は固体であるという情報に基づいて、3つとも固体だという判断をし、「液体のものなどないです」と答えるでしょう。固いものが固体だというのは、日常生活においては99・99％くらいの場合、妥当しますね。

でも、ガラスはその物質に固有の規則的結晶構造を持っておらず、むしろ液体の粘度が非常に高くなった状態ということができます。その意味では、ガラスは液体です（実際古い教会のステンドグラスなどで、上のほうが薄くて下のほうが厚くなっているのは、数百年の時間をかけてガラスが流れているからですね）。

日常生活では、その物質が固体かどうか判断するには、物質の結晶構造を調べる時間的な余裕もないため、手で触るという簡便な方法で良しとしているわけです。

脳の狂いは予想外に大きい？

思い出してみてください。

あなたは、小学生のときにすべてのテストが100点でしたでしょうか？

中学生のときは？

物事の判断をするときに、人間は自分の脳のデータベースにアクセスして、それと照合することによって結論を出すわけですよね。

ところが、自分の判断の拠って立つ根拠となる知識が、仮に小学校のときのテストのように80点だとしたら、20%は間違っているわけですよね。

仮に互いに因果関係にある2つの事実によって形成されている物事を判断する場合には、1つ目で80%の正しさ、2つ目で80%の正しさで物事を判定したとすると、2つの事実をもとにしてする判断は、［0.8×0.8＝0.64］で、あなたの判断にはすでに36%の狂いが生じる可能性があるわけです。

これは、極端な例ですが、仮にここまでいかないとしても、これが自分が信頼していた脳というコンピュータの現実だとしたら、結構な狂いだと思いませんか？　かといって、通常90%くらい正しい事柄は、100%正しいものと仮定するのでないと時間がかかってしまい、とても日常生活が送れるものではありません。

ですから、本当は若干違っているとはわかっていても、我々は物事を厳密に検証することなく、AならばBという自動的な反応によって暮らしていかざるを得ません。

ますます情報が溢れる世界に生きなければならない我々は、これまで以上に短時間での判断を求められることが増えますので、次第に現実と微妙にずれた簡便な仮定にべったりと依存するようになります。

つまり、逆説的ですが情報が増えれば増えるほど、人間は自動的な反応に依存し、物事を正常に判断できなくなるという状況に陥ります。

絶望はあなたの心が作り出す虚像である

ですが、このような情報の海の中で、自動的な反応によるミスから逃れる方法があります。

それは、「**あなたが今目にしている現実は、もしかしたらあなたの不完全な認識が投影された、不完全な現実かもしれない**」と知ることです。そして、自分の認識のどの部分に例外が発生する可能性があるか試してみることです。

「自分には絶対にできない」と思った段階で、本当に自分の判断の根拠は100%の場合に妥当するのか、それとも実は例外的に可能な場合があるにもかかわらず、例外を無視して、簡便法で100%そうであると仮定しているのかをもう一度検証することです。

自分の脳が間違っていれば、自分の脳が作り出す現実も虚像である可能性があるわけですから。その最たるものが、ドラッグにやられた脳が作り出す幻覚、幻聴などの虚像です。

人間の認識の不完全性が作り出す絶望というものは、存外多いもので、自分が拠って立つ判断の根拠をもう一度見直すことによって、絶望的とも思えた問題が解決する場合もあるんですよね。

で、冒頭の不動産投資の話に戻るわけですが、10年で3億円どころか数年で3億円以上の資産を作った方は僕の知り合いにたくさんいるわけでして、「できない」という判断は、通常の場合には正しいとしても、例外的にできる方法はあるわけです。

この場合の不完全な認識とは、さしずめ次のものでしょう。

●不動産投資には巨額の自己資金が必要
●サラリーマンには銀行は億単位の融資はしない
●土地がないとアパート経営はできない

これらは、冒頭のサラリーマン氏の脳内のデータベースに蓄積された、不完全な情報の破片です。この不完全な認識に基づいて、彼は「自分にはできません」と発言したのでしょうね。

前記3つは、いずれも特定の場合には、例外の発生する原則です。

それは、本書で詳しく解説していますので、読んでいただければ十分に理解できます。

自分の認識の不完全さを認め、それを自律的に軌道修正する。これこそが、不可能を可能にする秘訣でしょうね。

3

学校での成績と投資の成功には相関関係はない

通販大家さんには、いろいろな方が相談にみえます。

先日もある税理士の方が、保有している区分所有の損切りについて相談にみえられたのですが、キャッシュフローを見てびっくりしました。

え？　税理士さんは、キャッシュフローとかは得意なはずでは？

と思わず言いそうになるような、キャッシュフローがマイナスの典型的な新築ワンルームマンション投資の内容でした。

話を聞いてみると、自分の所得税・住民税をキャッシュフローの計算に入れてなかったとのことで唖然としました。

第3章で詳述しますように、まさに「麻酔をかけられて体をゆっくりと切り刻まれている」ため、痛みに気づいていない状態なわけです。

そのことを僕が指摘しますとさすがに賢い方ですので、「ああ、そのとおりですね」と理解していただけるのですが、そもそも投資の意思決定にあたって、それを自分で気づかなかったことに根本的な問題があるような気がしました。

彼は、学問として持っているキャッシュフローに関する知識を、投資の場で自分に当てはめて動かすことができなかったわけです。

投資の世界は、今日不動産投資を始めたばかりの人も、この道十数年の方も取引の土俵に上がれば条件は同じです。学歴だの資格だのは何の役にも立たない、実力がすべての世界です。

過程なんか誰も評価してくれないんです。投資においては、汗水たらそうが、一生懸命努力しようが、そんなものには価値がないのです。

勝てば官軍、負ければどんなに立派な資格、学歴を持っていてもそんなものはゴミと同じです。

良い高校に入り、良い大学を出て、良い企業に就職したエリートサラリーマンたちは、よくこのことについて考えたほうがいいです。東大を卒業したからといって、労働者として働くサラリーマンの世界では入社試験で若干の価値があったとしても、投資の世界では屁のつっぱりにもなりません。

投資において必要とされるのは、決して学歴や資格やそんなものではなく、不確実性の世界の中で、とてつもないリスクを負うことに対する決断と闘争心じゃないかと思います。胆力と言い換えてもいいかもしれません。

それが備わっていれば、技術など後からついてくると考えます。

学校での成績と投資の成功には相関関係はないのです。

4

物事は常に反対側に立って見るようにする

投資に限らず勝負の世界ではおしなべてそうだと思いますが、物事は常に反対側に立って見るようにしないと何度やっても負け組に入ってしまいます。

利回りは人によって違う

僕のところにこんな質問をしてくる方がいます。

たとえば、年間の家賃収入が2000万円の物件が2億円で売りに出されているとしますよね。そうすると、

「利回り10%も回っている物件なのに、なんで売主はこの物件を売るのでしょう?」

などと聞いてくるわけです。

もうおわかりのように、これは物事の片側しか見ることができていない典型的な例ですよね。こんな人間は、「この低金利の時代に、年間の利回りが5%以上ありまして……」などというワンルーム業者のセールストークに簡単に騙

されてしまいます。
利回りとは家賃収入を投資金額で割った、投資元本に対するリターンの割合です。とすると、投資元本が違えばリターンの割合も違うわけです。

買主にとって、物件が2億円で買えて年間の家賃収入が2000万円でその物件の利回りが10％だとしても、売主との共通の事実は2000万円の家賃が入ってくるという1点のみです。売主がその物件を以前に4億円で購入していたとしたら、売主にとっての利回りは5％にすぎないのです。とすれば、有利子負債（銀行借入）を圧縮して損益計算書を改善するために売主が物件を売却するとしても、何の疑問もないわけです。

ところが、反対側に立って物事を見れない人間は利回りとは自分にとっても相手にとっても同じで、相手にとっても利回りが10％だと勘違いしてしまう。

あともう1つは、金利の問題。その物件の購入当時、物件の調達金利は固定で7％だったかもしれません。そうなってくると、仮に物件が担保割れしてオーバーローン状態[注]にあるときに、より安い金利への借り換えによって返済をしようとしても、担保不足で借り換えもさせてもらえません。なぜなら、担保不足分の現金を積まないと、融資について銀行の抵当権の抹消ができないからですね。

といったわけで、高い金利を泣く泣く払っているケースも考えられるわけで

オーバーローン状態
物件の担保評価がローン残債を下回り、LTV（借入金比率）＞100％となった状態。

す。その場合には、仮に利回りが10％を維持していても、税引き後のキャッシュフローが回らないことは十分に考えられるのです。

あるいは、調達金利が高い場合だけでなく、返済期間が短い場合にも、同じようにキャッシュフローは赤字になってしまいます。そうすると、どんなに利回りが高くても、ほかから補填していたキャッシュフローの持ち出しに耐えられなくなるケースも考えられるわけです。

そのような場合に、仮に高利回りであっても泣く泣く物件を売るということはあり得るわけです。


さて、以上ご説明した2点の理由を両方とも挙げられなかったあなたへ。

こんな人間は何度投資をやっても永久に勝てませんから、わざわざ手元にある現金を危険にさらすような真似はせずに、地道に積立貯金でもやっていればいいのです。

ご説明した理由の片方しか挙げられなかったあなたへ。

サラリーマン大家さん本なんか読んで、投資ができるような気になっているから失敗するのです。そのような本に書いてある内容を真に受けず、物事を偏見のないありのままの姿で見るようにしてください。そして、自分の耳と耳の間についているもので、しっかり物事の本質について理解してください。他人から教えられて知識を身につけるようでは、その他人に騙される羽目になります。

物件を買うときには売るときのことを考える

もう一例を挙げれば、たとえば物件取得の際に築年数が古くて融資が付きにくい物件があるとします。

自分が融資で苦しんだとすれば、5年後に自分が売却する際にも、次の買主は自分以上に融資で苦しむ可能性は大きいわけです。

それを、地銀や信金などで無理に融資を付けて取得しようとする人間は投資に失敗します。

また、古い物件だと自分が保有している間に減価償却が可能な期間が過ぎる可能性がありますよね。その場合のキャッシュフローは大丈夫でしょうか?

実は、古い物件を売りに出しているケースとしてよくあるのが、減価償却が可能な法定耐用年数が終わりかけなので売るというケースです。

この場合には、自分も購入してからすぐにキャッシュフローの問題で困らないか、相手が物件を売りに出す理由をよく考えてみる必要があります。

物件を取得するときには、まず出口戦略を考えてから入るのが常道です。次の買主のことを考えて、融資が付きやすい物件を取得するというのが自然な考え方であって、無理に融資を付けて購入しようとする考え方は、自分の側からしか物事を見れていないということですね。

新築を建てるときは完成の時期のことを考える

土地が安く入りそうだからといって、すぐにボリュームプラン(注)を弾いて購入の準備をするのではなく、完成時期がいつになるかよく考える必要があります。

たとえば、通販大家さんの会員の方の事例で実際にあったのですが、大学から歩いて2分くらいのところに年末に売地が出ました。絶好の立地ですし、周辺のアパートも築年数がかなり経っている物件でも稼働状態がよいため、かなり需要が見込まれました。

ボリュームプランを立ててみると、かなりの利回りが見込まれたのですが、結局はしばらく購入を見合わせることにしました。

というのは、年末に物件を取得したのでは、すぐに着工しても物件の完成時期が4月末頃になってしまい、入居者の募集に苦労し、無理に埋めようとすると、せっかくの新築プレミアムが享受できないだけではなく、安い家賃で入居者の募集を出さざるを得なくなってしまうからです。

ボリュームプラン
その土地に、どんな建物が建つかの建物基本設計。

これは、中古物件にも同じことがいえます。企業の寮などとして使っていた物件が、全室空室の状態で売りに出される場合がありますが、募集家賃というものは一年中同じ金額ではなく、春先や9月の人事異動の時期には高くなりますが、入居者が集まりにくい時期には安くなります。

仮に募集家賃が同じだとしても、実際の成約家賃は季節によって値下げせざるを得ない可能性もあります。

ですから、物件を取得するときには、実際の入居のタイミングも考えて取得する必要があります。

以上いくつかの事例を挙げてきましたが、物事は多面的に見る必要があるということです。反対側から見たら全く違った状況に見えることは、よくあることです。固定観念、先入観を持たずに、物事をありのままに見ていく必要があります。

5

焦りは迷いを呼ぶ

物件がなかなか取得できないとき、特に物件が値上がり基調のとき、焦ってろくでもない物件をつかむことがあります。

通販大家さんの会員の方で、以前にこんなことがありました。

物件を探してずっと待っていた方だったので、僕のほうでもようやく物件をお出しできるということで電話しました。すると、自己資金が足りないというのです。よくよく話を聞いてみると、物件がなかなか出てこないので焦って新築の物件に飛びついてしまったのだけど、キャッシュフローが回らず赤字なので、自己資金が足りないというのです。

結局この方は、自己資金が足りないため、指をくわえて見ているほかなく、せっかくの物件をふいにしてしまい、その後その物件は手の届かない金額まで値上がりしてしまいました。

物件は相場が値上がりしようがどうなろうが、出るときには出ます。

焦りは迷いを呼び、傷を深めるだけです。そして、人間から合理的な判断能力を失わせて恐怖を生むだけです。物件が取得できなくても決して焦らないことです。縁があれば、そのうちあなたとめぐり合いますので。

時の流れに逆らわない

時間に逆らってはいけません。不動産投資のローンは返済期間が長期にわたりますが、それを無理に繰り上げ返済してなんとか短縮しようという方もいます。

住宅ローンですと、減価償却も認められませんし、借入金利息も経費算入されませんので、無駄なお金を払うくらいならどんどん繰り上げ返済をするという考えもあり得るかもしれませんが、**不動産投資と住宅ローンは違います**。

あまり繰り上げ返済をしすぎて手元現金をカッカツの状態にしてしまうと、突発的な補修や緊急に資金が入用のときに立ち行かなくなることがあります。

屋上防水が劣化して物件が雨漏りしているのに、手元現金がないからといって、融資が下りるまでの期間、雨漏りを放置していたのでは賃貸人としての義務を果たしたことになりませんね。

時間が長くかかることは、致し方ないことですし、逆に時間の力を使ってキャッシュフローをプラスに保っているからこそ、我々は不動産投資でデフォルト（債務不履行）を起こさないで済むという一面もあるわけです。ですから、返済期間を無理に短縮しようとするよりも、いかに手元現金の状況を安全な水準に保っていくかに心を配るほうが得策かと思います。時間に逆らうことは、疲労につながります。時間とはゆっくりと過ぎるものです。

第3章

危険なワンルームマンション投資

1 〝区分〟なんかやってどうすんの？

最近またぞろサラリーマンが区分所有への投資（ワンルーム投資）をやっていますね。「怖いもの知らずで、よくやるな〜」と、傍から見ていて心配になります。

実際、「通販大家さん」にもたくさんの方が、ワンルーム投資に失敗して、損切りの相談に駆け込んできます。失敗の原因は、自分の頭で投資判断をするのではなく、ワンルーム業者の作り上げた嘘のロジックにはまり込んで、やみくもに信じてしまうことにあります。

でも、投資の意思決定を他人に委ねる人間は、他人に人生を無茶苦茶にされても文句は言えません。ワンルーム投資に失敗したと気がついたときには時すでに遅く、オーバーローン状態で抵当権が外せず、売ろうにも売れません。損が出つづけるとわかっていても、抵当権抹消のための資金がない場合には、泣く泣く保有しつづけるしかありません。また、体力がある方は損切りするしかありませんね。

「いきなり1棟ものの高額物件をやるのは危険なので、ワンルーム投資からやりたいのですが……」と言って質問に来る方がいますが、ワンルーム投資のほうがよっぽど危険なことを理解していないのです。

以下、区分所有が危険である理由について大きなものを挙げてみます。通販大家さんでは、基本的には会員の方には、1棟ものの物件以外は紹介しませんが、それは次のような理由から、区分投資をやっていたのでは不動産投資で成功することはできないと考えているからです。

0か100かの丁半博打

区分所有は、満室になれば入居率100％で、空室になれば入居率0％というものですよね。ですから、いったん空室になれば、元利金の返済、その他の費用は、自分の働いた給料から持ち出しになります。空室でも管理費は取られます。中間の入居率50％などあり得ないわけですから、0か100かの丁半博打です。

これに対して、1棟ものの投資で10室アパートだと、1室空いても空室率は10％。50室のマンションだと、1室空いても空室率は2％。

同じ空室になっても、元利金返済に対して1室の与えるインパクトが相対的に小さくなれば、他の部屋の家賃収入から元利金を返済しながら、ゆとりを持って空室の募集がかけられます。ですから、空室になった場合の返済原資として、自分の働いた給料を当てにする必要がありません。

銀行が区分所有に対する融資に消極的なのは、最終的に自分が働いた給料で補填することを当てにしなければならないようでは、デフォルト（債務不履行）のリスクが非常に高いからです。

このように、区分所有は空室リスクが高いため、新築ワンルームマンションの販売業者は家賃保証（サブリース契約）を付けたりしますが、この借り上げ家賃は、仮にサブリース契約の期間が長期であったとしても数年に1回見直され、所有者が借り上げ家賃の引き下げを承諾しない場合には契約が解除されます。契約を解除されたのでは、空室になれば借入金の返済ができなくなってしまいますので、所有者は泣く泣く家賃の引き下げを承諾するほかありません。

これを利用して、新築のときにはサブリースで高い保証賃料を設定しておいてその分物件価格を高めにして販売し、初回の更新のときにガツンと賃料の引き下げ（といっても正常な賃料に戻すだけですが）をすれば、デベロッパーにとってはエンド客をカモれますのでおいしいですよね。そもそも、適正賃料を調べもせずに、デベロッパーの言いなりになって設定家賃を正常なものだと真に受けるほうが悪いのですから。

本来、新築物件は簡単に入居者が見つかるのでサブリースは必要ないのです。新築のときにサブリースで業者においしいところを持って行かれ、古くなって入居者の募集が難しくなってからサブリースを打ち切られてポイと放り棄てられたのでは、何のためのサブリースかわからないですよね。

ちなみに、サブリース契約をした場合には所有者は礼金を受け取れませんし、免責期間（募集猶予期間ともいう。通常1～3ヶ月）については、サブリース会社から賃料を受け取ることはできません。

儲かるんだったら広告やりません

区分所有がホントに儲かるんだったら、わざわざ広告費をかけて折り込みチラシを入れて宣伝しなくても売れます。あるいは、ワンルーム業者が自社で保有して回していきます。

実際には、新築の区分所有の場合には、土地の取得・造成コスト、建物の建築コストだけではなく、広告費、営業員の経費にデベロッパーの建築期間中の借入金利、開発利益が乗っかった金額で販売されますので、購入した瞬間に最低でも2～3割は値下がりします。

折り込みチラシなどを見ると、利回りの中に管理費、修繕積立金などを入れたグロスの利回りで表示されています。そこからは実際には入金の管理費として5％が引かれます。

さらに、意図的に固定資産税・都市計画税を利回りのシミュレーションから除いているケースがありますが、これも引かれることになります。そして、購入時には不動産取得税、登録免許税、司法書士報酬、火災保険料、売買契約印紙がかかります。

また、修繕積立金についても、利回りをよく見せるために十分に積み立てられていないケースも多いのです。そうなると、大規模修繕の際には、積立金不足を生じてしまい、別途費用がかかる可能性が大です。実需系の所有者と投資系の所有者が1棟の中に混在している場合には、コストのかかる大規模修繕についての考え方には温度差があり、意見調整が難航する可能性があります。管理費にも同じことが当てはまり、管理費を安く設定しているところは、まともな管理が行われず、資産価値が下落するのに拍車をかけることになります。

逆に管理費が必要以上に高い場合であっても（これは、デベロッパーの子会社が新築時から入っている場合にはあり得る話です）、1棟丸ごと所有している場合と異なり、自分の一存で管理会社を変更することはできません。管理会社の言いなりに割高な管理費を支払って、辛抱する以外方法がないのです。

しかも、これは全額キャッシュで購入した場合のケースです。実際には、区分所有に対して融資をする銀行は限られており、デベロッパーの提携先の銀行やノンバンクなどの比較的高金利での融資を使うことになるため、利回りはさらに低下します。

しかも、この賃料は、新築プレミアムが付いたご祝儀賃料ですよね。新築時の入居者が出ていくと、もはや新築プレミアムで貸すことはできませんので、賃料はがくんと下がります。また、建物が古くなると、年々賃料が下落することになりますので、当初の家賃どおりの利回りが継続することはあり得ません。

区分投資用のマンションは、デベロッパーが戸数を増やして稼ぐために20㎡を切っていたり、バス・トイレ一緒のユニットバスだったり、室内洗濯機置き場がなかったりして、古くなった場合に空室を埋めるのに苦戦する場合が多いのです。

そして、1棟まるまる区分投資用に販売された仕様が悪いマンションが、ほぼ同時期に空くわけですから、賃料の値下げ競争によってなんとか空室をうめようと各オーナーが泥仕合をして、家賃はいっそう下落することになります。

かつ、以上のシミュレーションは全期間にわたって入居率100％の場合に達成できる話ですが、全期間にわたって入居率100％ということは考えられません。空室の期間は収入は1円も入りませんが、管理費その他の請求はきちんとくるため、利回りはいっそう下落します。

さらに、これは見落とされがちなのですが、以上の経費とは別に、所得税・住民税がコストとしてかかってきます。社会保険料もそれに連動して高くなります。

以上の内容を折り込みチラシを手にして検討してみてください。「低金利時代に利回り5％を実現」などという甘い言葉は嘘だということがよくわかります。いったい誰が、うまい話をわざわざお金をかけて広告するというのでしょうか？

チャンスはリスクの仮面を被ってやってきます。
チャンスの仮面を被ってやってくるのは詐欺です。

区分投資をすれば節税できる？

区分投資では、所得税・住民税の節税はできません。

正確にいうと、初年度だけは取得に関する経費がかかりますので、不動産所得は赤字になり所得税・住民税の節税にはなりますが、2年目以降は、区分投資は黒字になるわけで、これが赤字であるとすれば空室が続いて儲かっていない（または、利回りが極端に低い）ということですよね。そんな状態であれば、仮に節税にはなっても、元利金返済その他のキャッシュは自分の給料から持ち出しということになります。

不動産投資が成功したら、節税などできません。

節税ができたとしたら、その不動産投資は失敗に終わっているのです。

いずれにしても、**投資と節税は両立しません**。高収益が見込めることと、所得税・住民税の節税は本質的に矛盾しているのです。

確かに平成10年4月1日以前に取得した建物については、定率法(注)による減価償却が認められていましたので、取得してから数年は多額の減価償却をすることが可能でしたが、現在は定額法(注)に一本化されていますので、以前のような節税はできません。区分所有の販売業者のパンフレットで節税ができると書いてあるものがあったら、どこをどうやったら節税できるのか小一時間とことん詰めてやってください。

なお、バブル時代に不動産投資が節税になったのは、当時の金利が高金利であったこと、当時は物件のインカムゲインはほとんど顧みられず低い利回りであったこと、それによって不動産投資にかかる諸費用よりも家賃収入が低かったため、節税になったのです。

なぜ家賃収入よりも経費のほうが大きい投資をしたかというと、投資家の関

定率法・定額法

減価償却資産の耐用年数にわたって、期首の未償却残高に一定率を掛けて減価償却費を計上する方法を定率法といい、毎期同額の減価償却費を計上する方法を定額法といいます。

心がキャピタルゲインにあって、インカムゲインなどどっちだってよかったからです。今となっては、キャピタルゲインを望むべくもないわけですので、節税になるような低利回りの物件では困るわけです。当時と現在では、前提条件は全く異なります。

ハウスメーカーが節税といっているのは、所得税や住民税の節税ではなく、相続税の節税のことをいっているのです。地主が更地を持っている場合にアパートなどを建てると、土地については貸家建付地として評価額の引き下げになること、建物については借家権割合について評価の引き下げになることから節税は可能です。

ですが、更地を持っている地主ではなく、これから不動産投資を始められる方にとっては節税など縁のない世界です。

ワンルーム業者がうたう高利回りの嘘

仮に、2000万円のワンルームの新築を購入して、10年で価格が新築時の60%の1200万円になって、その金額で売却できたとします。

そうすると、1年当たりのキャピタルロス(注)は値下がり分の800万円を10年で割って年80万円、4%ですよね。仮に家賃収入から諸経費を引いたネットの

キャピタルロス
売却価格と購入価格の差額の損失。

収益が年間3％の60万円であったとしても、それはインカムゲインなどではなくキャピタルロスの分を食っているだけで、差額分1％の20万円だけ毎年見えない損失が発生しているわけです。

毎年3％のネット利回りの投資をしているつもりが、毎年1％の損失を出していたということになります（実際には、インカムゲインには所得税、住民税などがかかりますし、借入金があれば金利も引かれます、社会保険料も所得増加に応じて上がりますので、損失は1％以上に拡大します。さらに、不動産の売却に際しては諸経費がかかりますので、実際の手取りは売却価額の1200万円より少なくなります）。

ワンルーム業者はインカムゲインの収益率しか説明しませんが、本来収益率とはインカム収益率とキャピタル収益率の合成された総合収益率で見ていく必要があります。

ワンルームマンションについて、時間軸を考慮した複利の概念も入れて内部収益率(注)を実際に計算してみます。

式は、次ページのとおりとなりますが、3次式を超える高次方程式の場合には解析的に解の公式を使って解くことはできませんので、プログラムを使って数値的に解く必要があります。そのため、身近に手に入るエクセルの財務関数を使って計算してみます。

内部収益率＝IRR
投資額＝将来のキャッシュフローの現在価値となる割引率。一定期間における投資に対する収益率ともいえます。

このマンションは、物件価格1869万円、諸費用7％で総額2000万円とします。また、年間家賃収入は物件価格の5・08％の95万円とします。

「どうですか、お客さん。利回りが5％超ありまして毎年95万円が将来にわたって入ってきますので、私設年金として最適です。年金問題など、先行きが不透明ですし、**価値ある資産作り**をしてみませんか。銀行に預けていても1％以下の超低金利の時代に、収益が年間5％もあるお得な物件です。自己資金ゼロでも、当社の提携ローンをお付けできます」

との説明を受けたとします。

直感的に、儲かりそうですか？

年間家賃95万円だとすると10年間で950万円入るので、悪くない投資だと思っていませんか？

実際に内部収益率を計算してみましょう。

まず、諸経費が年間で家賃収入の20％かかり、ネットの家賃収入は76万円とします。また、10年後の売却価格を物件価格の約79％の1480万円、売却時の抵当権抹消費用、繰り上げ返済違約金、仲介手数料その他で80万円かかって正味の手取りが1400万円だったと仮定します。

そうすると、初期の投資額が、物件価格に諸費用を入れて2000万円、1

IRR

当初投資額$=C_1/(1+R)+C_2/(1+R)^2+\cdots\cdots+C_n/(1+R)^n$

C_n＝n年目のキャッシュフロー
R＝内部収益率

～10年目まで稼働率１００％として毎年ネットで76万円の収入です。最終年はそれに売却した手取りが１４００万円が加わるとしますと１４７６万円です。

この内部収益率を計算するには、エクセルの財務関数を使って【挿入】↓【関数】↓関数の分類【財務】↓関数名【ＩＲＲ】↓範囲【Ａ２：Ｋ２】とします。

すると、内部収益率は０・92％と出ます。これが、提携ローンの金利を下回っていると、全額借入の場合には収益はマイナスになります。

一見、利回りが５％あるかのように見えた物件ですが、内部収益率を計算してみると０・92％しかないわけです。しかも、これは自己資金でやった場合の話で、借入による場合には完全に赤字です。

そんな投資なら何もしないほうがよかったということになります。

よく、ワンルーム投資業者の営業員が「銀行金利が１％以下の時代に、５％の高利回りが期待できます」などとセールストークをしますが、バカをいってもらっては困ります。

その１％以下の金利は、元本が目減りしないで全額戻ってくることを前提としたうえでの金利ですよね。これに対して、５％の利回りというのは、投資元本に対するリターンの割合にしかすぎず、元本が減りつづけることを前提としたものです。

	A	B	C	D	E	F	G	H	I	J	K
1	初期投資額	1年目	2年目	3年目	4年目	5年目	6年目	7年目	8年目	9年目	10年目
2	-2000	76	76	76	76	76	76	76	76	76	1476

元本が減りつづけるものと、元本が戻ってくるものとを同一の利率（利回り）で比較することは、前提からして間違っています。

土地付きの1棟もの中古マンションですと、土地値近辺で最低限下げ止まりますが、区分所有の場合にはそれがありません。例外的に、もし、持分割合と同額の土地値で購入できる区分所有があればそれは買いだと思いますが、そのようなものに出合うことはほとんどないでしょう。

区分所有はコンクリートの塊を買っているのと同じ

戸建て業者は、用地取得にあたっては坪単価で考えますが、デベロッパーがマンションを建てるときには、坪単価の代わりに「一種当たり単価」というものを使って、容積率１００％当たりの価格に引きなおして投資判断をします。たとえば、容積率が６００％で坪単価が３００万円でしたら、［300÷6=50］で一種50万円となります。

簡単にいえば、土地の価値が6倍に薄められるわけです。

このようにして、なるべく延床面積当たりの土地の取得コストを落としてマンションが作られますので、マンションの場合には土地の持分と建物の割合でいくと、大部分が建物の値段となります。そして、土地は減価することがありませんが、建物は減価しつづけます。ですから、基本的には**区分所有はいつの時点で購入してもその価値は下がりつづける**わけです。

そして、その下がりつづけるスピードが借入金の返済スピードを上回る場合には、いつの時点をとってもオーバーローン状態になります。

ですから、そこから抜け出そうとすれば、いつも損失が発生します。

区分所有は担保になりません

ある収益還元法（102ページ参照）の融資をとっているメガバンクは、総戸数4戸以下の物件には収益還元法による融資はしません。

収益還元法が使えず、原価法（注）による積算価格をベースとした融資のため（通常は積算価格による担保評価のほうが収益還元法による担保評価より低いため）、投資金額が少額であるにもかかわらず、意外に多くの自己資金が必要とされます。

また、区分所有は共同担保にする場合、担保評価が低く、これを共同担保に入れてレバレッジを効かせながら次々に不動産を増やしていくという戦略がとれません。

原価法
不動産の再調達原価を求め、これに減価修正を行って試算価格を求める方法。この試算価格を積算価格と呼びます。

銀行は担保評価を外部に依頼している場合もあり、その場合には、担保評価のためのコストがかかっています。仮に、担保評価を外部に出さずに内部の人間を使ったとしても、現地調査にはコストがかかります。そして、コストをかけて担保評価をして、共同担保に入れるための余分な資料を付けて稟議を書いて、抵当権を設定して手続きをしても、数億円の物件を共同担保に入れる場合と数百万円程度の中古の区分所有を共同担保に入れる場合で手間は一緒です。また、仮に担保権を実行しようとすると、実行のための競売申し立てなどのコストもかかりますので、回収金額はわずかなものになってしまいます。ですから、銀行としては本音ベースでいえば、区分所有を共同担保としては取り上げたくないわけです。

そのため、区分所有の物件を複数取得して、戸数を増やしていこうとする場合には、多額の現金が必要になってきます。これでは、不動産のいちばんのメリットである少ない自己資金をテコにして大きな収益を上げていくレバレッジの力が働きません。

新築を建てたことがある方はおわかりになると思いますが、新築で利回りを出そうとしますと、いちばんのネックになるのが土地の価格です。建物はたとえばRC（鉄筋コンクリート）ですと坪単価60万円など、だいたい値段が決まっていますが、土地の値段は物件によってまちまちで、かつ坪単価60万円で買える適地は都心にはまずありません。

となってきますと、相対的に延床面積が大きくなり、部屋数が多くなればなるほど、土地の面積は薄められて利回りは上昇するわけです。

これを逆の視点から見ますと、区分所有に割り当てられる土地の価値は1棟の総戸数の規模が大きくなればなるほど希釈化されていくわけで、区分を所有するということは、土地の持つ価値の分け前に満足に与ることができず、最終的には減価してしまう建物をつかまされているということにほかなりません。

あと、言わずもがなですが、住宅ローンの延長の発想で、区分所有を夫婦共同で買って、共有名義にする方がいますが、ただでさえ担保にならない区分がなおさら担保能力を失ってしまいます。複数の区分を共有で持っている方は、等価交換などで単独に切り替えてください。

区分は税務上の特典がありません

不動産賃貸が事業的規模(注)の場合には、青色申告をすることによって、青色申告特別控除、専従者給与の全額必要経費算入、純損失の繰り越しなどの税務上の特典が受けられます。しかし、区分所有の場合には、事業的規模とは認めら

事業的規模

外形基準では貸家5棟、貸間10室、駐車場50台。これ以外でも、賃料収入、物件の規模など個々の事情を総合的に勘案して事業的規模とされることもあります。

れないため、これらの税務上の特典が受けられません。

建て替え、出口戦略の問題

区分所有の建物が老朽化してきた場合には、建て替えの問題が発生してきます。建て替えには所有者および議決権の各5分の4以上の多数の賛成がないと決議できませんが、建て替えに伴う負担金の支払い能力がない方がいる場合、決議の調整に数年がかかり、高齢者は新しい建物が建つまで生きているかわからないため参加に消極的になるなどの問題があり、自分の一存で建て替えができません。

出口戦略としても、区分所有の場合には基本的には古くなった区分所有をそのまま売却するほかないわけですが、区分所有は、中古市場における流動性に乏しいという問題があります。この点、1棟ものですと、出口戦略として、更地にして宅地として分譲をかけてもいいですし、建て替えをすることも可能ですし、複数の出口戦略が考えられます。

取引コストの大きさ

そして最後に、区分投資の最大のバカバカしさは、たかだか1500万円程度の投資のために、物件の資料を取り寄せたり、詳細内容を検討したり、銀行の融資の打診をしたり、契約したり、その他物件取得に膨大な取引コストがかかるということです。

1500万円の物件を1室購入するのも、20室で3億円の物件を1棟買いするのも手間はたいして違いません。とすれば、区分投資をして20室に物件を増加させるには、単純にいって20倍の労力がかかるわけですよね。

通販大家さんの会員の方の中には、200室、300室所有している方もいますが、区分でそれを達成した方を僕は知りません。

結局のところ、区分投資とは、月々数千円の持ち出しという比較的痛みの少ない損失を長期にわたってオーナーに与えることで、最終的には大きなダメージを与える投資といえます。たとえていえば、麻酔をかけられて体をゆっくりと切り刻まれているようなものですね。

区分所有への投資は、最終的には、安物買いの銭失いの結果に終わらざるを得ないと思います。

2

サラリーマンでも
銀行は喜んで投資用資金を貸してくれる

500万円貸すのも2億円貸すのも手間は同じ

投資初心者の方にありがちな大きな勘違いとしては、「借りる額が少なければ、融資が通りやすいのではないか」ということがあります。

はっきりいって、銀行の融資担当者は日々めちゃくちゃたくさんの物件の審査にあたって多忙です（僕が夜10時頃に銀行に電話しても普通に出ます）。

また、貸し出しノルマを達成する必要があります。

そんな中で、物件審査をする際に必要とされる決算書だとか、物件の公図・測量図・謄本だとか、現地調査だとか、その他もろもろにかける手間と時間は、物件がたとえ500万円であろうが、2億円であろうが同じです。2億円を超えると支店長決裁（支店長決裁の金額は銀行によって違いますが）ができなくて本店決裁になるため手間が変わってきますが、基本的には担当者は融資を出したがっていますので、2億円まででしたら、融資金額が大きいほうが力が入りやすいのは人情というものです。

あなただって、ノルマがあって多忙を極めているときに、ちょこちょこした小さなお客さんがきたら、後回しにしたくなってしまいますよね。

仲のいい銀行の担当者など、お客さんの融資の手伝いで1億円以下の物件を持ち込みすると「手間は同じなんで今度から1億円以上にしてくださいよ〜」と冗談半分で言ったりします。

3 日本は全国一律ではありませんよ

テレビやインターネットで情報が日本全国を駆け巡るようになってから、日本人にはある種の幻想のようなものが生じてしまったのではないかと思います。

それは、

「テレビやインターネットに載っている事柄は、日本全国一律である」

という幻想です。

しかし、本書でご紹介している収益還元法が適用できるエリアは、首都圏、大阪周辺、その他日本でも一部の地域に限られています。

つまり、本書を読んで自分の地域で収益還元法の融資を持ち込もうとすると、右の地域以外のエリアの地銀ではたいてい断られるでしょう。

また、信用金庫、地方銀行には融資対象エリアがありますので、あなたが地元の地銀を通じて首都圏で投資をしたいと思っても、地銀の支店が首都圏の物件が所在する融資対象エリアにない限り、地銀は融資しないでしょう。これは、都銀においても同じことがいえます。物件とご自身の住所の両方が都銀の融資対象エリアにない限り、基本的には融資を受けることはできません。

仮に、これをクリアしようとすると、たとえば法人ですと投資対象のエリアに支店登記をするなどの手続きが必要になってきます（地方在住の方で、首都圏に支店登記を希望される方は通販大家さんにお声がけいただければサポートをしています）。

なお、顧客の名前や口座番号などの情報が入った銀行の顧客情報データベース（ＣＩＦとかＭＣＩＦといいます）に基づく顧客コードは、いちばん最初に取引を行った銀行で付与されて固定されます。そうすると、物件の融資の際には、その顧客コードのある銀行が窓口となります。その口座を開いたエリアが収益還元エリアでない場合には、支店の担当者の方には収益還元での融資の経験がありませんので、収益還元エリアでの物件を支店に持ち込んだとしても融資で苦戦する場合があります。

通販大家さんのお客さんで群馬在住の方がいるのですが、最初に某都銀の群馬の支店（当時は収益還元エリア外でした）で口座を開いたために、埼玉（収益還元エリアです）の物件を取得しようと群馬の支店に持ち込んだ際に、収益還元での担保評価を得られませんでした。群馬の支店では、その物件は積算価格での評価が行われ、その方は大変に苦しみました。

彼が仮に、全くその銀行と取引がなく、最初に埼玉の支店で口座を開いていたとしたら、融資はスムーズに行われたであろうというケースでしたが、一度ついたＣＩＦは基本的には変更ができません。よって、今後も彼は群馬の支店を窓口として取引するほかありません。

さらに、固定資産税の税率は、地方税法によって１・４％から２・１％の範囲で各市町村が条例で設定することができますので、固定資産税は全国一律ではありません。

また、大阪は検査済み証がない物件が大半なので、収益還元法どころか、融資不適格物件として都銀の融資対象から外れる場合があります。

そうなってくると、オリックス信託などに融資の打診をすることになりますが、その場合でも延べ床面積の10％を超える容積率オーバーの場合には、融資は行われません。

地元の信金や地銀にお願いするとなると、「頭金を３割入れてください」の世界になります。

また、北海道などのように、地方によっては、入居者募集をするときに、広告費を客付け業者(注)に何ヶ月分も払わなければならないところ、礼金、敷き引き(注)の慣習があるところなど、まちまちです。

客付け業者
自社に来店したお客さんに物件の斡旋を行う業者。

敷き引き
原状回復費用としてあらかじめ取り決められた敷金の償却。

建物を建てるときの坪単価だって全然違います。

ですから、本書の内容を読んで、自分の地域でも本書の内容が実行できると勝手に解釈しないでください。

あなたが住んでいるエリアと、投資に適しているエリアの間には何の関連性もありません。自分の住んでいるエリアで本書の内容を実行しようとするのではなく、最適な投資エリア（後ほどご説明する将来推計人口によって人口が増加するエリア）を中心とした投資を心がけることが肝要です。

もう一度いいます。

間違っても、自分が住んでいるエリアを中心として不動産投資を考えないことです。自分が住んでいるエリアは、将来的に大幅に人口が減少するエリア、空室率が増加するエリアかもしれないのです。

投資に最適なエリアでの投資をする必要があります。

所有と経営の分離

「自分の家から近くないと、物件を見に行けないから心配だ」というのは所有と経営の分離の考えがない「ヤモリ（家を守る人）」です。

不動産投資をする人間は、あくまでもオーナーであって、会社でいえば株主です。しかし、株主は経営の専門家ではないため、経営の専門家である取締役に会社の運営を委託しているわけですよね。

それと同じで、不動産のオーナーであっても、必ずしもプロパティマネジメントの専門家ではありません。とすれば、建物の管理、賃貸管理、客付けなどの業務は不動産経営の専門家である管理業者に任せる必要があり、また任せてしまえば別に自分が物件の近くに住んでいる必要はなく、不動産投資に最適なエリアで投資が可能なわけです。

これから不動産投資を始められる方で、入出金の管理なんか業者にお金を払うのはもったいないから自分でやればいい、という方には想像がつかないかもしれませんが、不動産投資が進み１００室、２００室所有するようになると、専業でやっていない方でしたら、あまりのめんどうくささに、物件を叩き売ってしまいたくなるほどです。

所有と経営が一致した「トウちゃんカアちゃん経営」ではおのずから不動産投資には限界がやってきます。

第4章

巨額の自己資金なんて必要ない

1 収益還元法

「プロローグ」でも書きましたが、先日、あるＯＬの方に融資を付けました。物件はＲＣ（鉄筋コンクリート）平成元年築のもので、家賃は「プロローグ」ではわかりやすく２５００万円と書きましたが、正確には年間家賃２４８８万円、物件価格2億４０００万円です。

結果は、諸費用込みで2億５７００万円の融資がついて、諸費用（仲介手数料、契約印紙、登録免許税、登記費用、不動産取得税、固・都税、火災保険料など）を含め自己資金ゼロで物件購入ができました。

通常は、不動産を購入する場合には、頭金として3割の現金が必要とされます。ところが、このケースでは、自己資金を1円も使うことなく物件を取得することができました。

ＯＬの方の年収は５００万円程度で、属性的にはごく普通の属性でした。

フルローンが組める物件と組めない物件の間には、どのような違いがあるのでしょうか?

「通販大家さん」では、2億～3億円の1棟もの収益物件の情報を会員の方に流していますが、ほとんどの物件は事前に自己資金がどれくらい必要か物件情報と合わせて流しています。ほとんどの物件は諸費用も含めて自己資金が物件価格の10％以下で購入可能ですが、なぜ、事前に融資可能金額がわかるのでしょうか？

これは、通販大家さんのほうで事前に銀行の融資可能額に関する算式を計算しているからにほかなりません。

先ほどのＯＬの方を例にとって銀行融資の仕組みについて解説してみたいと思います。

実は、銀行には、積算評価をする銀行と収益還元法で評価をする銀行、またその折衷的な評価をする銀行があります。

積算価格とは

積算価格とは、対象となる不動産を、不動産を評価する時点で再調達したらいくらかかるか（再調達原価）に、建物が物理的・機能的に古くなったり、周辺環境と合わなくなったことによる価値の下落分を減価修正して算出された価格のことをいいます。

自己資金を30％は入れてくださいという銀行は、ざっくりとした話でいえば路線価と延べ床面積をベースにした積算評価でやっている場合が大部分で、積算価格でいきますと、先ほどのOLの例では、2億4000万円の30%で7200万円、これに諸費用1700万円を加えると、合計で8900万円の自己資金が必要になってきます。

これでは、とても年収500万円のOLが手を出せる代物ではなくなってきます。

今まで不動産投資が、すでに土地を持っていてそれを担保にマンション経営をする方や、多額の現金を持つ一部のお金持ちのためのものと考えられてきたのは、積算価格による担保評価によるところが大です。

路線価について

ちなみに、路線価は、国税庁のホームページの「財産評価基準書」で見られます（http://www.rosenka.nta.go.jp/ 次ページの図を参照）。

路線価とは、主要道路に面した土地に1㎡当たりの単価が決定されており、その値段をもとに土地の価額を算出するものです。

簡単にいえば、正面路線に決められた金額に土地の面積を掛け、そこから奥行価格補正、側方路線影響加算、二方路線影響加算、三方路線影響加算、四方

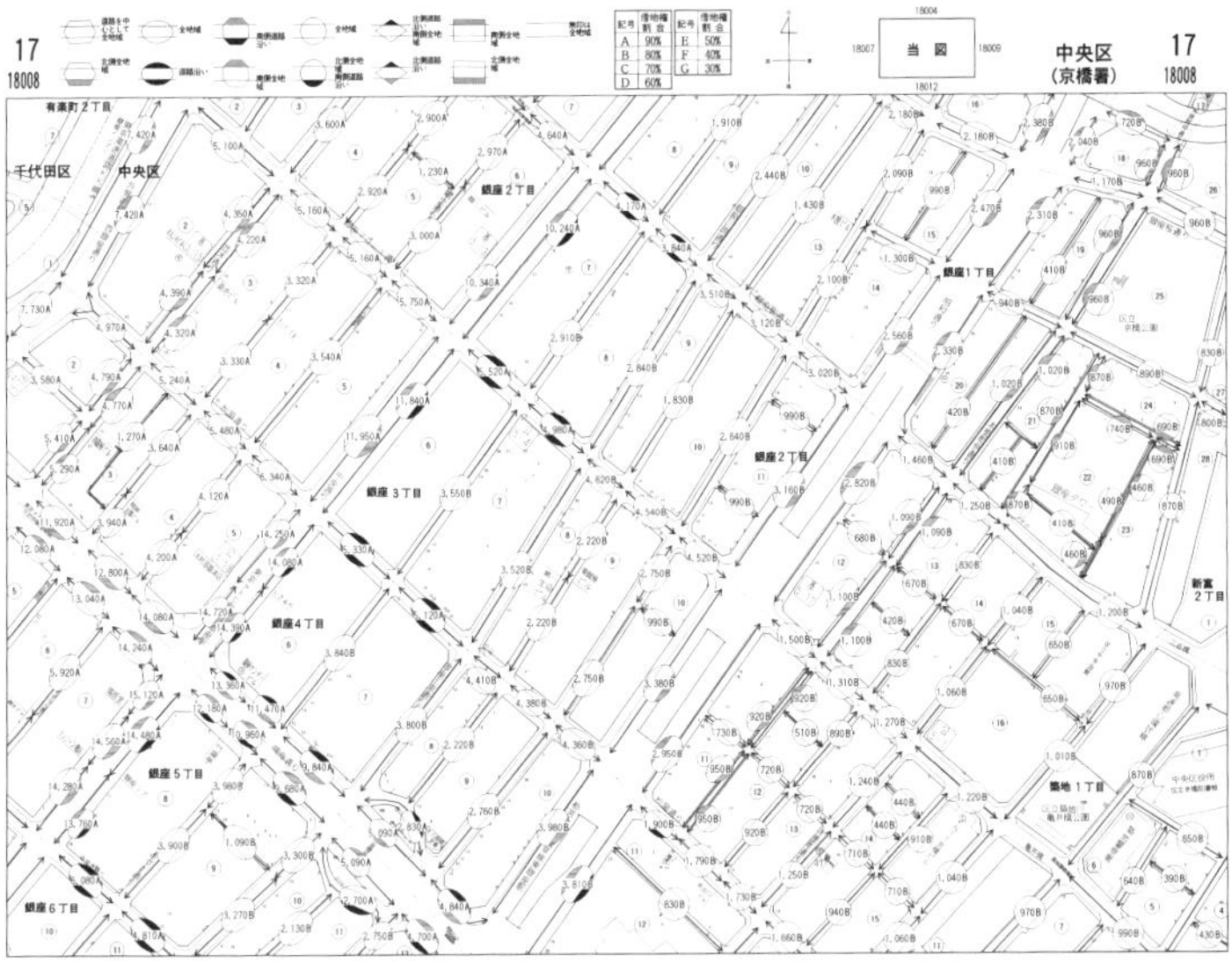

路線影響加算、間口狭小補正、奥行長大補正などの加算・減算をして算定します。

加算のほうは、収益物件を建てるには贅沢な割高な土地なので手を出さないようにという意味で、減算のほうは不整形地で宅地としての価値は低いけど、収益物件を建てるにはいいという点で参考になりますので、各補正の意味については（ここではいちいち説明しませんが）理解しておいてください。

通販大家さんで出す物件も比較的高利回りのものは、旗地（注）などの敷地延長も

旗地
敷地延長の土地が旗に竿をつけた形に見えることからこう呼ばれます。

の場合があります。不整形地であれば、土地の取得コストを低く抑えられるため、不整形地に合ったプランが立てられれば高利回りが実現可能です。このような不整形地は収益物件を建てる分には何の問題もありませんが、出口として宅地分譲ということはできないため、その点を理解して投資する必要があります。

なお、当たり前の話ですが、路線価というのはあくまで価格の目安にしかならず、たとえ同じ北側道路に面している土地であっても、一方は南側が駐車場で日当たりがよく、他方は南側が高層マンションで日が当たらない場合でしたら、価格が同じはずがないわけです。

路線価のみにたよることなく、物件取得にあたっては、必ず周辺環境を調査する必要があります。

収益還元法とは

収益還元法での融資についてお話しする前に、まず収益還元法とは何かについて簡単に概略をご説明します。

収益還元法とは、その不動産から将来いくらの純収益が上がるかに基づいて、それを現在価値に割り引いたものの総合計をその不動産の価値とする算定方法

直接還元法

収益価格＝純収益（総収益－総費用）÷総合還元利回り

＊この場合の総費用には、減価償却費、借入金金利は含まれない減価償却前、利払い前純収益です。
＊総合還元利回りについては、第5章3「キャップレート（総合還元利回り）」参照。

です。

そして収益還元法の評価手法の主なものとしては、直接還元法とＤＣＦ（discounted cash flow analysis）法があります。

直接還元法とは、不動産の生み出す単年度の純収益を総合還元利回りで割って収益価格を求めるものです。

これに対して、ＤＣＦ法とは毎期不動産が生み出すキャッシュフローを現在価値に割り引いて、期間終了時の不動産価格を現在価値に割り引いたものと合計して収益価格を求めるものです。なお、最終年には不動産の売却によって売却代金が入ってきますので、最終年のキャッシュフローには毎期のキャッシュフローに売却見込み価額が加わります。

直接還元利回りは、単年度の純収益をベースに考えるものですし、単年度の純収益が今後も継続して得られることを前提とした考え方（永久還元）ですので、基本的には、一度不動産を持ったら、永久に持ちつづける（バイ・アンド・ホールド）という日本人の地主の考え方と比較的適合性があるといえます。

よく、最近の不動産投資本でＤＣＦ法が紹介されているものですから、なんでもかんでもＤＣＦ法がいいと勘違いされる方がいます。確かに不動産投資信

DCF法

$$V = C_1/(1+R) + C_2/(1+R)^2 + \cdots\cdots + Cn/(1+R)^n$$

V＝現在価値　C_n＝n年目のキャッシュフロー

R＝割引率＝リスクフリーレート＋リスクプレミアム

＊リスクフリーレートとは、無リスク（元本保証）で運用可能な投資機会の利回りで、一般的に10年もの長期国債のレートを使います。

＊リスクプレミアムとは、元本保証がない分リスクを上乗せした係数をいいます。

託のように一定期間経過後に不動産を売却することが確実な場合にはＤＣＦ法による鑑定評価が必要になってきますが、そもそも不動産に投資するときに、この不動産を何年か後に売却することを想定して投資を行っている大家さんが何人いるのでしょうか。

ファンドと違って、いったん不動産を持ってしまった大家さんは、自分の物件が可愛くてしょうがなくて、とても売るなんて考えられなくなってしまうのではないでしょうか。

また、ＤＣＦ法で計算する場合、毎年のキャッシュフローをきちんと予測できる方がどれくらいいるのでしょうか。毎年のキャッシュフローを同じ数字で見積もっていたのでは、何のためのＤＣＦ法かわかりませんよね。

ＤＣＦ法では、各期のキャッシュフローは当然一定ではありません。修繕費もかかれば、家賃も下落するかもしれません。また、空室率も読まなければなりません。

ですから、３年後の家賃の変動率さえ予測することは難しいのです。

３年後に大規模修繕でいくらかかるかなんて、トラックレコード（運用履歴、１８９ページ参照）もない通常の５億円以下の大家さんが投資する物件では、予測不可能です。

そもそも、ＤＣＦ法は直接還元法が単年度の純収益が未来永劫一定であることを前提としていて現実的ではない点を、実際の純収益で毎期見ていくことでより正確なものとするために改良されたものですから、各期のキャッシュフローをきちんと予測していく必要があります。

でも、本当に将来のキャッシュフローなんて、何年も先まで読みきれるんですか？　ホントは、作文なんでしょ。

また、実際にDCF法に適用するイールド（割引率）はどうやって計算するの？　まさか、恣意的にやるんじゃないでしょうね。

しかも、割引率が時間とともに変化しないなんて、時間的割引率しか考慮してないんじゃないの？

現在の価格がわからないからDCF法を使って計算しているのに、将来売却するときの売却見込み額（復帰価格）なんて予測できるんでしょうか？

現在の価格を決めるために将来の売却見込み額を決めなければならず、その将来の売却見込み額は何をベースに決定するのでしょうか？

てなわけで、精緻な手法のような形をしながら、DCF法の実態は、精緻でもなんでもない、恣意的な要素の入り込む余地の大いにある手法なんですね。

これからすべての物件が収益還元法によって価格決定されるかというと、そうではないでしょう。たとえば、容積の取れない小規模の宅地はマンションデベロッパーが手を出しませんので、共同住宅にはなりません。そうすると、それはあくまでも住宅としての評価しかされないでしょう。

世の中、金がすべてで動いているわけではないのです。ステータスのある住宅地であれば、収益還元法などお構いなしに物件の金額は上がっていくでしょう。いつの時代にもお金を持っている富裕者層はいますし、いつの時代でもステータスのある住宅地は高いものです。

極端な話、「犬」に収益性はあるでしょうか？　臭気・騒音などを排出する嫌悪施設です。犬はごはんをたくさん食べてコストがかかりますが、収益は1円たりとも生みません。確かに子犬くらいは生むでしょうが、それとて通常は販売目的で子犬を産ませるわけではないので、収益ということはできません（ブリーダーと呼ばれる人たちは血統書付きの犬を生産して収益を上げているようですが）。

こんなNOI（純収益＝総収益－総費用）で見ると、マイナスの価値しか持たず、DCF法なりダイナミックDCF法なり、その他どんな収益還元の評価手法で評価したとしても、現在価値はマイナスである「犬」ですが、そんな犬に「おまえさんの価値はマイナス」だと言っても納得しないでしょう。怒って噛みつかれます。店頭に行けば、きちんと値札が付けられて販売されているし、飼い主にとってはかけがえのない家族の一員です。収益に還元しきれない価値というものは存在します。

銀行のいうところの収益還元法

さて、DCF法から頭を切り替えて、銀行のいうところの収益還元法について、銀行はどのような評価方法で不動産に対する融資をしているかについて見ていきましょう。

収益還元法で評価をする銀行は今のところあまり多くはありませんが、メガバンクの一部と信託銀行の一部は一般のサラリーマンの方にも収益還元法で計算した算式で融資しております。

これは、簡単にいえば物件から上がる収益が十分であれば、それを担保にして積算価格での評価額以上に融資をしてあげましょうというものです。

この収益還元法による場合には、物件に収益力がある限りにおいて、多額の頭金も必要なければ、土地を保有している必要もなく、土地付きの1棟ものを取得することが可能であることから、**収益還元法の導入で、不動産投資は必ずしも一部の地主やお金持ちのためのものではなくなったわけです。**

収益還元法での計算方式はおおむね次のようなものです。

まず、バランスシートと同じように、T字を引きます。

左側には、家賃の金額の80%を記入します。先の例でいえば、［2488×0.8＝1990万円］です。

これは、空室率が20%は見込まれるという考えによるものです。

次に、右側に家賃の金額の20%を記入をします。これは、諸費用が概算で家賃の20%程度かかるという想定です。

［2488×0.2＝497万円］です。これは、実際の審査においては、実績ベースの固定資産税とか、その他の諸経費を見ていくわけですが、詳細な経費について数字が入手できなくても、物件の融資を打診する段階では、諸経費率は20%として簡易計算すれば十分です。

次に元利金返済ですが、これは物件の構造によって違います。RCですと、融資期間は47年、重量鉄骨ですと融資期間は35年、軽量鉄骨または木造ですと22年を最大とし（これは、各金融機関で微妙に期間が異なります）、これから築後の経過年数を控除した期間が融資可能年数です。先ほどの例でいくと、平成元年築ですので、築17年と計算します。としますと、［47－17＝30］で30年がローンを組める最長期間となります。

金利は4%を上限と見て、これで計算します。

今回のケースでは、物件価格2億4000万円に諸費用を約7%で1700

家賃の80%	家賃の20%
2488×0.8＝1990万円	2488×0.2＝497万円

万円と見て、借入金額2億5700万円、元利均等30年変動4％で組みますと年間返済額1472万円です。

右側の合計は、［497万円＋1472万円＝1969万円］。

左側（1990）＞右側（1969）となります。収益還元法でやって、左側が大きい場合には希望金額の2億5700万円は融資可能と予測されます。

実際に彼女は、諸費用分も含めた満額の融資を受けて、物件を手に入れました。

今回お話しした収益還元法の計算は、以下の条件が付きます。

店舗・事務所混在型の場合

建物の1階、2階に店舗や事務所が入っている場合がありますよね。その場合には、建物の延べ床面積のうち店舗・事務所の面積が4分の1以下でなければ収益還元法は使えません。

これは、いくつかの銀行、信託銀行に共通の要件で、店舗・事務所部分の面積がこれを超える場合には、積算価格での評価になってしまいます。

なお、前記の要件は基本的には延べ床面積を基準にして判断されますが、個別には店舗・事務所部分の家賃比率が大きい場合には空室になった場合のインパクトが大きいため、融資判断にあたってはマイナス要因とされます。

家賃収入の80% (空室率を20%と想定) 1990万円	家賃収入の20%(諸経費率) 497万円
	元利均等年利4% 年間返済額1472万円

管轄の問題

収益還元法が使えるのは、当然収益性のある不動産ということになります。ところが、今後の日本は収益力があるエリアと、そうでないエリアに二極化していきます。地方の方が、安易に自分の住む地域で不動産投資をすると大変なことになる時代が来ます。収益還元法を適用している銀行であっても、融資対象エリアは、首都圏とその他限られたエリアでして、日本全国どこでもこれが適用できるわけではありません。

また、物件と購入者両方が管轄内になければなりません。

たとえば、物件が本店の管轄内で、購入者が支店の管轄内といったように、銀行が常に物件と購入者の両方を捕捉できる状態でないと融資できません。

信用金庫の場合には、管轄が狭いので、管轄の縛りを乗り越えるために、管轄内に会社の支店を作ったりして融資を受ける必要があります。

小規模共同住宅

1棟当たり4戸以下の小さい共同住宅（銀行によっては6戸以下）や、区分所有には融資しません。区分や小規模共同住宅物件は、空室になった場合に他の部屋の家賃から元利金返済をできないほど、空室のインパクトが大きいためです。

そもそも、収益還元法は、物件の収益力を引き当てに融資をするものであって、購入者の収入に依拠するものではありません。ですから、規模が大きければ大きいほど融資しやすくなるわけです。

サラリーマンの方の中には、融資金額が小さければ融資が通りやすいだろうという根本的な勘違いをする方がいますが、全く逆です。**規模が小さい物件はそれだけ融資が受けにくい**ことを理解しておく必要があります。

古い建物の場合

さらに、築年数が20年を超えるような古い物件になってきますと、ある都銀の場合、10年ごとにRCですと坪単価60万円×延べ床の4％を修繕に充てると仮定して、そのうえでキャッシュフローが回るかどうかを検討します。

法定耐用年数を超える、きわめて古い物件の場合には担保評価は基本的には、土地の路線価の70％などになり、上物の評価はゼロです。

その場合には、建て替えを前提の融資となり、建て替え後の収支計画による融資となります。

そして、他の物件を持っていることが前提となり、建て替えまでの期間について、他の物件の収支でカバーできるかどうかがチェックされることになります。また、この場合には収益還元法においては必要とされない個人の年収、資産背景が必要になってきます。

ある都銀の場合には、建て替え後の再建築単価、耐用年数は以下で計算されています。

再建築単価（㎡当たり）　木造14万円　RC16万円
再建築耐用年数　木造25年　RC45年

その他

特殊な例では、物件の半分以上の入居者が外国人だったケースで、日本人入居者の募集がやりにくく空室リスクがあるという理由で、利回りがネットで12％以上あるにもかかわらず、NGになったケースもありました。銀行は想定賃料を計算する際に、現況の賃料ではなく提携する賃貸情報会社からの情報によって物件の賃料査定をします。そのため、計算の前提として必ずしも現況の賃料が使用されるわけではなく、古くからいる入居者が高い賃料を支払っている場合には現況の賃料に引きなおしますし、外国人が多数入居している場合には、募集に困難が伴うことから、賃料が取れないと判断するケースもあるわけです。

また、収益還元法が使えるだけの賃料相場がないエリア、駅から遠いエリア、その他一定のエリアにおいては、前記すべての要件を満たす場合でも収益還元法が使えない場合があります。これは、銀行が利用している大手賃貸会社の賃料評価のシステムにデータが蓄積されておらず、収益力が評価できないからです。

前記の算式に当てはまる限りにおいて、物件はサラリーマンの方でも何十億円でも取得可能ですし、僕のところでも2億〜3億円程度の物件はサラリーマンの方でも何の問題もなく融資が付いています。

個人の与信をどう考えるか

物件の収益については、以上のとおりですが、個人の属性について若干触れておかなければならない問題があります。

まず、はっきりさせておかなければならないのは、2億円以下の物件の場合には年収と物件の融資金額には相関関係はないということです。

区分投資と違って、収益還元法はあくまでも物件の収益力から融資可能金額を決めていこうとするものです。個人が年収によって物件の元利金返済を補完するものではありません。

これが、2億円を超えてきますと、通常の銀行の場合には支店長権限での決裁ではなく本店審査になります。また、5億円を超えてきますと、その物件に過度に依存するリスクを避けるために、非常時対応能力として、他の物件からの収入や年収が関係してきます。ですから、5億円以下の物件の場合には、個人の年収は必要以上に気にする必要はありません。

ただし、そうはいっても個人の与信だって、ちゃんとしているに越したことはないわけでして、その際に以下のような事情が考慮される場合があります。

独身の場合

独身の場合には、融資の審査にあたって不利になります。基本的には、配偶者か両親が保証人になることが想定されますが、両親の場合には年齢の問題がありますす。その場合には、逆に両親が借入をして、本人が保証人になるなどの方法をとる必要があります。

かといって、絶対に独身だと融資しないかといいますと、他の所有資産の状況などの資産背景を総合的に勘案して融資の判断が行われますが、マイナス要因であること自体は間違いありません。

独身の場合の対処法としては、僕が取り扱ったケースでは、団信（団体信用生命保険）に入ることで1億円以下の小規模な物件について、配偶者がいないという問題を解消できたケースもあります。

住宅ローンがある場合

日本人は今まで、投資教育・投資哲学のないまま、不動産会社や銀行の言いなりになって、マイホームという高額商品を買って、一生涯かけてローン金利支払いをしてきました。

しかし、終身雇用制、年功序列賃金が崩れた現在、自分の労働のみを返済原資とする35年もの長期のローンを組むことの巨大なリスクについて一度考えたほうがいいと思います。

また、減価償却という不動産における最大のメリットを享受できず、税引き後のキャッシュからローンの返済をしなければならない住宅と、税引き前に減価償却が可能であり、金利も経費計上できる不動産投資とでは一生涯には天と地ほどの資産形成上の差が出てくるということを理解する必要があります。以前のように継続的な地価の上昇と所得の上昇が見込めない現在、住宅ローンを組んだマイホームの取得は資産形成の足を大きく引っ張ります。

さて、本来収益を生む投資に使うべき与信枠を、1円も収益を生むことがない住宅の取得に使い、多額のローン負債を抱え込んでしまうわけですから、住宅ローンを組んだ方の与信力の低下は避けられません。

住宅ローンは、サラリーマンにとっては、持ち家という意味で、社会で一定の評価をされることはあるのかもしれませんが（それさえも疑問ですが）、銀行取引においては、借入金の増大による与信の低下は避けられず明らかにペナルティの対象です。

よく、通販大家さんに相談に来られる方に、「自宅も持ってないと、投資用の物件に銀行はお金を貸さないのではないですか？」という質問を受けますが、事実は全く逆です。

自宅をキャッシュで購入する場合以外は、住宅を買うのも高級外車を購入して浪費するのも、同じ収益を生まないもののために与信枠を使ったという点に限定していうならば何ほどの差もありません。

なお、自宅を保有されている場合には、自宅の時価とローン残債の関係には常に注意を払っておく必要があります。

木造住宅は法定耐用年数で考えた場合でも22年で価値は10％の残存価格になってしまいますが、通常住宅ローンは35年です。

とすると、購入金額全体に占める建物の割合が大きい場合には、長期間にわたって住宅ローンが減少するスピードよりも、住宅の価値が減少していくスピードのほうが速いということになります。戸建ての場合、実際の売買にあたっては、22年を待たずして、15年程度で上物の価値はゼロとして土地値売買されるケースも多いですから、減価のスピードはかなり速いものとなります。

住宅ローンを組んだばかりで、まだローン残高があまり減っていない場合には、**新築物件というのは購入した瞬間に中古になり、価値が2〜3割下がります**。これは、広告費、営業員の経費にデベロッパーの開発利益が乗っかった金額で住宅が販売されることによります。ですから住宅の時価と比較した場合に、住宅ローンを目一杯付けていれば、オーバーローンになっているケースがあります。

そうなってくると、銀行はお金を貸してくれませんので不動産投資をあきらめないといけないことになります。

また、仮にオーバーローンになっていなくても、住宅自体は収益を生まない資産ですので、収入と比較して多額の住宅ローンを組んでいる場合には、他の所有資産の状況などを総合的に勘案して融資の判断が行われますので一概には融資が受けられないとはいえませんが、マイナス要因であること自体は間違いないのです。

不動産投資をされている方で、住宅ローンを組んでマイホームを買いたいという方に僕がアドバイスするのは、どうしてもマイホームを買いたい場合には、最上階にオーナーズルームとして4ＳＬＤＫがくっついた収益系不動産を購入してはどうですかという話です。

年金生活者の場合

年金生活者の場合にも無収入ではないわけですから、絶対に融資が無理というわけではありません。必要最低限の二百数十万円が生活費としてかかると計算して（銀行によって違いますが）、他の所有資産の状況などを総合的に勘案して融資の判断が行われます。

子供が多い場合

子供とか奥さんは２００万円計算（銀行によって違いますが）として、仮に奥さんと子供４人がいる場合には、［200万円×6＝1200万円］が生活費としてかかると計算することになりますので、子供が多い場合には、給与がそれ以上高くないと融資は受けられません。

海外駐在中の場合

海外駐在中など、住民票が日本にない場合には、銀行は融資しません。

職業

公務員などの安定した職業の場合には、融資の審査のうえで非常に有利です。また、行政書士など公的資格の職業の場合には、融資の審査のうえで有利です。逆に転職して間もない場合、勤続年数が3年以下の場合、歩合の比率が多い方、収入が不安定な業種はマイナス要因です。

銀行との取引

銀行は、1Fのカウンターでお金を預けたり、公共料金の支払いをしたりという人々はゴミ客としか思っていません。銀行にとっての取引とはあくまでも融資取引のことです。となると、サラリーマンは通常事業資金の融資取引をすることはありませんから、何をやっても関係ないのです。

よくサラリーマン大家さんの本などで、コツコツ積立をしたり、公共料金の引き落としをしたり、給料の振り込みをしたりするといいといったようなことが書かれていますが、不動産投資においては、そのような事情はほとんど全く関係ありません。

ダメな銀行はダメです。そんなことを熱心にするくらいでしたら、通販大家さんのように、年間数十億円のアパートローン実行の実績があり、銀行融資の資料を作ってくれるところに頼んだほうが何倍も効果があります（別に僕のところの宣伝をしているわけではなく、積立などはホントに無駄な抵抗にすぎません）。

新設法人の場合

税の壁を超えるために大切なのは、不動産投資をする主体の問題です。年収3000万円以下の比較的所得の低い場合には個人で投資しても問題ありませんが、通常マンションを1棟買えば、自分の給与なり事業所得と合算すればこれくらいは軽く超えてきますので、「家賃収入がいくらになったら法人化すればいいか？」なんて細かい計算に時間を使う暇があったら、さっさと1棟購入して年収3000万円を超えてしまうことです。

所得税の累進税率と法人税の税率の差だけではないもろもろの節税スキームの自由度が全く違ってきますので、法人化が必要になってくるわけです。

節税目的で、物件取得と不動産管理のために新設法人を設立した場合には、決算が終わっていない新設法人であっても、個人と法人を同一視して融資を行ってくれるいくつかの都銀と信託銀行があります。

この場合には、不動産賃貸事業を目的として設立されたことが要件とされていますので、基本的にはその法人の売上のうちの90％以上が不動産賃貸事業収入で占められていなければなりません。法人を作ったからといって、その法人でいろいろな事業をしてしまいますと、アパートローンがその法人には付かなくなってしまいますので注意を要します。

つまり、通常のコーポレートの与信が必要となってくるわけです。ですから、法人を設立して不動産投資をする場合には、不動産賃貸事業の売上を90%以上にするという点に留意してください。これに失敗してしまうと、もう1つ新設法人を作らなければならなくなります。

区分をいくつも保有している場合

区分を保有している場合には、そのキャッシュフローも見ていくことになります。そこでキャッシュフローがマイナスの場合には、銀行の審査上もマイナス要因になります。

銀行の区分所有に対する評価姿勢は厳しいですが、これは、区分投資に対する融資を都銀がしないこととも一貫していますね。

銀行の融資基準を裏読みすれば……

じゃあ、以上の算式がわかったからどうなんだ？　という話なんですが、僕はこんな戦略が立てられるんじゃないかと勝手に考えていたりします。

この収益還元法の基準については、そんなに長く続くものではないんじゃないかと思っています。

また、収益還元法が日本全国どこでも使えるわけではありません。

さらに、地域的な特殊事情としては、大阪はたいていの場合、容積率オーバーの物件が非常に多く、メガバンクは収益還元法どころか、違法性の程度によってはそもそも融資不適格物件と見なして融資しません。

仮に地銀、信金などが融資をする場合であっても、かなりの割合の自己資金を入れることを要求されます。

また、信金とか地銀は融資対象となるエリアが限定されています。

たとえば、埼玉の物件について、埼玉の信金で融資を受けようとした場合、その人の住民票が埼玉にある、事業の場所が埼玉にある、などが必要になってきます。その場合には、これを乗り越えようとすると、埼玉に法人を設立または支店を設立する、埼玉に1棟物件を持つ（当然、事業的規模の物件である必要がありますが）などが必要になってきます。

さらに、収益還元法について全員が全員知っているわけではありませんし、自分のメインバンクが収益還元法で融資をするとも限らないため、このような融資方法があるとは夢にも思ってない方もたくさんいます。

このように、エリアのギャップとか情報のギャップがある間は、収益還元法で融資を受けられる銀行のことを知らずに積算価格をベースとした評価の銀行に物件を持ち込んで融資で苦労している方を横目に、こちらは、収益還元法による有利な資金調達によって、少ない自己資金でテコを効かせていけばいいと考えています。

もちろん、キャッシュフローは全期間黒字になることが前提となりますが。

そのように次々に物件を獲得して成長していく局面においては、B／S（貸借対照表）の内容は最悪のものになるでしょうね。資産の内容は流動性に乏しい不動産ばかりで過大な負債を抱えている。まさに、借金漬けの経営です。

でも、キャッシュは潤沢に流れ込んできているといった状態です。

そして、あるタイミングで物件価額が高騰してきたり、収益還元法での融資にデフォルト（債務不履行）が起こり始めて、収益還元法と積算評価の折衷みたいな融資方針になってきて、融資が出なくなる段階が来ると思うんです。銀行の融資方針というものはこれまでも頻繁に変わってきましたので。

そうなったら、物件を取得しようと思っても取得できなくなりますよね。

ですから、それまではアクセルべた踏みで何十億でも買えるだけ買ったらいいのではないか、なんて考えていたりします。

よく資産三分法とかいわれる方がいますが、安定性を求めた分散投資は資産数十億になってからでも間に合います。**成長性を旨として資産を急拡大させる局面では、ビジネスと同じで一点突破全面展開をすべく、全精力を集中投下する必要がある**と思うわけです。

で、物件が高騰した段階、または融資が出なくなった段階では、それ以上物件購入を進められないわけですから、借り入れ金返済も進んでいって、B／Sもきれいになりますよね。それで、融資が出なくなった段階で潤沢なキャッシュを持っていれば、自己資金がある程度必要な物件に投資が可能になってきます。そうすると、競争も比較的少なくて済みます。

以上のような銀行の融資基準から裏読みした投資戦略というのも、面白いんじゃないかと思います。

この投資戦略は、レバレッジを効かせた成長性重視の戦略ですので、失敗しても自己責任でお願いしますね。自己責任でやれる方には、破壊的な力を持つツールだと思います。

2

自己資金が足りないときの対処法

さて、そんなこんなでなんとか融資を引き出しても、どうしても少しお金が足りないという場合がありますよね。

そんな場合の対策をいくつか紹介しておきます。

自宅を共同担保にする

もし、自宅の住宅ローン返済がある程度進んでいて、担保余力がある場合には、その担保余力を使って、取得する物件と共同担保にすることによって、不足分の融資を引き出すことが可能になります。

敷金相殺

通常の物件売買の場合には、敷金の金額を相殺して売買する場合が多いです。そうすると、敷金は受け取れませんが、実際の売買の際に支払う金額はその分だけ少なくて済みます。

不動産取得税

不動産取得税は、所有権移転の登記をしてからだいたい4～6ヶ月後くらいに来ます。購入時には、必要ないです。

売主融資

これも実際に僕のところのお客さんであったケースなんですが、買主があと500万円だけ、現金が不足しているケースがありました。売主が業者の場合で、売主としては買主から物件をサブリースして、そのサブリース代金から、月々一定金額を天引きして返済するという条件のもとで売主から無利息で融資が受けられました。

公的資金など

これも実際に僕のところのお客さんであったケースなんですが、事業に使うために手元にいくらか残しておきたいというケースで数百万円が不足していました。

そこで、手持ちの現金は不動産の諸費用に充ててもらって、事業のために必要な資金については、国民生活金融公庫の無担保の融資の手伝いをしてあげました。

ここで注意しなければならないのは、お金に名前は書いてありませんから、どの現金を使ってもいいようなものですが、国民生活金融公庫は事業資金として融資してくれるわけですから、そのお金はあくまでも事業に使って、自分の手元現金を不動産投資に使う必要があります。これは、保証協会付きの事業資金の場合でも、ビジネスローンの場合でも同じです。

仮受け消費税を利用する場合

これは、「プロローグ」で登場した「自転車と60億」の投資家の方が実践している方法ですが、彼はビル購入をした場合には、すぐに決算を締めてしまいます。

消費税は基本的には、「(仮受け消費税)－(仮払い消費税)＝納付消費税」です。そうすると、ビルの場合には家賃に消費税がかかりますので(仮受け消費税)、建物取得の際の仮払い消費税から仮受け消費税（この場合には、すぐに決算を締めるわけですから、受け取った家賃はゼロで、もちろん仮受け消費税もゼロです）を差し引いて、仮払い消費税が全額還付されるということになります(なお、居住用の家賃は非課税ですので、仮受け消費税はありません。よって消費税の還付は受けられません。あくまでも、事務所とか店舗として貸した場合、または無理に課税売上を作った場合の話です）。

プロパンガス

これは、積極的に資金を捻出する方法というよりは、余計な出費を抑制するための方法ですが、物件を取得したときに都市ガスでしたら、これをプロパンガスに取り替えれば、給湯器は無料で新品に交換してくれます。

プロパンガスの会社としては、一度プロパンガスを入れてもらえば長期にわたって取引できることから、給湯器を入れるというのは、軒先を借りて商売をするのと同じです。

そのため、業者を替えれば、給湯器は無料で交換してくれるというわけです。

これによって、給湯器が壊れた場合の余分な出費を抑制することができます。

3

地主が有利とは限らない

不動産投資において、土地を持っている地主が有利なのではないかという誤解がありますが、全くそのようなことはありません。

都心でビルを何棟も所有している地主ですと話は別ですが、郊外で農地を転用してアパート経営をするくらいの地主でしたら、ゼロから始めた不動産投資と大差はありません。

ハウスメーカーの営業にやられているケース

ハウスメーカーがどこで儲けているかというと、もちろん建築によってです。その際に、地主に対して、シミュレーションとしてグロス利回り6〜8%くらいのものを提示するんですが、それはあくまでも土地を地主が持っているからです。建物の価格に対して利回り6%などとんでもない話です。通常のマンション1棟投資でしたら、土地付きで建物を購入して利回り6%以上いくものはざらにありますので、上物だけで利回り6〜8%とは、いかにハウスメーカーが利益を乗せているかは一目瞭然です。

また、そのシミュレーションでの家賃にしても、6～8%というのは、新築プレミアムが付いている状態のときのものです。

未入居物件ですと比較的高い賃料で入居者が決まりますが、2年経って入居者が出ていくと、当然同じ賃料では貸すことができません。

サブリースは撒き餌です

地主の中には、家賃保証をしてもらって安定経営をしたいという方が結構います。企業努力によって収益向上を図るよりも、何もしないで安定的な家賃が入ってくるほうが安全だと思っているわけです。

そのような場合には、もともとサブリースでの保証分の費用が建築コストに上乗せされていますから、かえって高いものについてしまいます。

本来サブリースは、ハウスメーカーが地主から建物の建築を受注するための撒き餌にすぎず、そのコストは最終的にはほかならぬ地主が負担しているのです。また、サブリースも、区分所有のところで述べたとおり、何年かに1回は更新されますので、その際に家賃引き下げの合意が得られなければ、解約されてしまいます。

地主は、家賃保証があるから安全だと思って建てたのに家賃保証を打ち切られると大変ですから、泣く泣く家賃引き下げに応じるという図式です。

まさに、2階に上がったらはしごを外されたという状態ですね。

また、「当初○年は家賃保証の値段の変更をしない」という場合もありますが、その場合にはそもそもハウスメーカーの当初○年間の家賃保証など必要としない、立地のよい物件のケースです。

建物が古くなってきたときにこそ、家賃保証は効果を発揮するものです。

さらにサブリースの場合には、本来家主に入ってくるはずの礼金は保証会社の収入になりますし、未入居物件の場合には、免責期間（募集猶予期間）として1～3ヶ月が定められ、その間に入ってくる収入については、保証会社の収入になるにもかかわらず、その間も管理費、修繕積立金は家主から徴収されます。

先祖代々の家屋敷、田畑など叩き売ってしまえ

そもそも不動産投資というものは、収益性の高いものに投資していくから意味があるわけであって、スタート時点で広大な収益性の低い土地があっても、固定資産税などのコストがかかりますので、必ずしも有利とはいえません。

また、農地を転用してアパートを建てた場合には、これまであまり開発されてこなくて、駅から遠かったり、不便な場所のケースが多いと思いますが、そのような場所で利回り6％だ、8％だと取らぬ狸の皮算用をしても、入居者が決まらず、空室40％、50％であれば、そのような名目上の満室想定利回りには何の意味もないのです。

それならば、最初から収益性の低い農地などを叩き売って、都市部の収益性の高い不動産への投資を行えばいいわけですが、地主の中には、先祖代々受け継いだ土地を手放すことに対して心理的な抵抗を示す方が少なくありません。

また、相続税の納税のために不動産を売却する場合でも、広大な自宅を最後まで手放さない方も少なくありません。

しかし、この自宅ほど収益を生まない不動産もないわけでして、相続のために不動産を売却するにしても、収益力のある不動産は残して、本来真っ先に自宅を売却しなければならないわけですが、たいていの方は自宅を売却することについて心理的な抵抗を示します。

損切りこそが資産増大の近道の場合もあります。

地主の方は、先祖代々の田畑や家屋敷であっても、収益性の低いものは叩き売ってしまって、損切りしないとかえって傷口を広げてしまう可能性があります。

このような地主の方を見るにつけても、地主が不動産投資をスタートする場合と比べて、土地を全く持っていない方が不動産投資をすることが取り立てて不利だとは思いません。

逆に、土地を持っていない方は、全く縛りがないわけですから、最初から収益性の高い土地付きの共同住宅を吟味して取得していけば、あっという間に地主の方を追い抜いてしまいますね。

本当の意味で先祖からの家産を守ろうとするのなら、家屋敷、田畑などの個々の不動産そのものを守るのではなく、個々の不動産が形を変えて、場合によっては商業ビルに、マンションに、立体駐車場に、貸倉庫にと時代に合った財産として受け継がれていく、それこそが家産を減らさないで先祖に申し訳が立つ方法なのではないでしょうか。

第5章

RCはアクセル、木造はブレーキ

1 木造は金がある人間が買うもの

第3章で、区分所有に対して投資することの危険性をお話ししました。

そして、僕が区分投資が危険だと話すと、自己資金があまりなくて不動産投資を始める方の中には、区分投資の次に小規模な不動産である、木造アパートに目が向く方がいます。具体的には、総戸数5～6戸、金額にして5000万円程度の小規模の中古の木造などです。

そういう方は、金額が小さければ、自己資金も少なくて済むと考えているのです。

または、金額が小さいから最悪でも自分が働けばなんとか損失が埋められると考えているのです。

まず後者については、自分の収入を当てにしなければならない投資など投資でもなんでもないです。最悪でも自分が働けばなどと考える方は、根本的に不動産投資と住宅ローンを履き違えていると言わざるを得ません。

不動産投資をやると覚悟を決めたからには、最初から自分の収入など一切当てにしないことです。自分の収入からの穴埋めなど考えていると最初の1棟はなんとかなったとしても、これが5棟、10棟と増えてくると、自分の収入ではとうてい追いつかない水準までできます。

そうなったときに、悪い考え方の癖が抜けないと、入居者の募集や新規物件の取得に際しての投資判断が甘くなりかねません。

また、前者の「金額が小さければ、自己資金も少なくて済む」という思い込みは、とんでもない勘違いです。

木造は、金が十分にある方がやるものであって、自己資金もたかだか1000万円程度しかない方がやるものではありません。

これが理解できない方のために、具体例を挙げて説明していきます。

第4章でも書きましたが、木造の法定耐用年数は22年です。

ここで仮に、築17年の木造5000万円、表面利回り10%に取り組みをしようとすると、ローンの期間は法定耐用年数の範囲内というのが銀行の基本的な融資姿勢ですので、[22－17＝5]で5年となります。

第4章の計算でいくと、年間家賃500万円の60%(80%－20%)が[500×0.6＝300万円]ですので、300万円の家賃収入で、期間5年(60回払い)、元利均等4%の借入金の返済が可能でなければなりません。

実際に、この期間5年、元利均等4％で借入金の返済額を計算してみますと、借入金が１３５０万円のときに、年間返済額は２９８・３万円となって、［300万円＞298.3万円］で、これが融資可能上限金額となります。

とすると、この木造を購入するために必要な自己資金を計算してみると、［5000－1350＝3650万円］に諸費用分7％の３５０万円を加えて、実に４０００万円という金額が必要になってきます。

自己資金比率は［4000÷5350＝74.7％］となります。

これに対して、同じ築17年、表面利回り10％で物件価額5億円のＲＣ（鉄筋コンクリート）だとします。諸費用7％で３５００万円として、総投資額5億３５００万円としますと、ＲＣの法定耐用年数は47年ですので、法定耐用年数内の借入期間とすると、［47－17＝30］で、30年の借入期間がとれます。

第4章の計算でいくと、年間家賃５０００万円の60％（80％－20％）が３０００万円ですので、これで30年（３６０回）払い、元利均等4％の借入金が返済可能でなければなりません。

実際に借入期間30年、元利均等4％で借入金の返済額を計算してみますと、借入金が5億２３００万円のときに、年間返済額は２９９６万円となって、

家賃収入の80％ （空室率を20％と想定） 400万円	家賃収入の20％（諸経費率） 100万円
	元利均等年利４％ 借入期間５年 年間返済額298.3万円

〔3000万円＞2996万円〕で、これが融資可能上限金額となります。

とすると、このＲＣを購入するために必要な自己資金は、〔5億3500万－5億2300万＝1200万円〕です。自己資金比率は、〔1200÷53500＝2.24％〕となります。

つまり、この例が示すように、

●木造、５０００万円、築17年グロス利回り10％のものの必要資金は４０００万円

●ＲＣ造り、５億円、築17年グロス利回り10％のものの必要資金は１２００万円

となります。

これを見ていただいてもわかるように、同じ築年数であってもＲＣ造りのほうは、物件価額が木造の10倍であるにもかかわらず、必要とされる自己資金は木造の30％にすぎません。これは、ＲＣの法定耐用年数が木造の２・13倍あることによってなせる技です。

自己資金の必要額は、物件価額自体の大小によるものではなく、築年数と物件の構造に関係するものであるということがご理解いただけたと思います。

<table>
<tr><td rowspan="2">家賃収入の80％
（空室率を20％と想定）

4000万円</td><td>家賃収入の20％（諸経費率）
1000万円</td></tr>
<tr><td>元利均等年利４％
借入期間30年

年間返済額2996万円</td></tr>
</table>

木造はその見かけの規模の小ささとは裏腹に、たとえ小規模のものであっても、投資にかなりの額の自己資金が必要とされます。木造は金がない人間が買うものではないということです。

投資用の不動産をインターネットなどで探す際に、価格帯で探す人間がいますが、法定耐用年数の違いによるローンの付きやすさの違いについて、全く理解していないと言わざるを得ません。

RCが47年、鉄骨が34年、木造が22年の法定耐用年数である以上は、「木造＜鉄骨＜RC」の順番に自己資金が必要となってきます。

RCは返済期間が長くとれるので、借入金額を大きくしても十分キャッシュフローが回っていくのに対して、木造は返済期間が短くなるため、キャッシュフローが回らず、相当な自己資金が必要になってくるという計算です。

また、相当な自己資金なく木造投資を行えば、DSCR（debt service coverage ratio：借入償還余裕率（注））が低くなり、ちょっとした空室でもデフォルト（債務不履行）の危険性が高くなってしまいます。

ですから、インターネットで検索する場合には（そもそも、ネットで棚ざらしになっている物件に良い物件があることは稀ですが）、構造→築年数→利回りの順に検索をかけるべきです。

DSCR（借入償還余裕率）＝NOI（純営業収益）÷借入金元利返済額。一般的には、銀行はDSCRが1.2以上の物件でないと融資しません。

構造、築年数は変更しようと思っても変更できるものではありませんが、利回りは物件の価格によって動かせますので。

なお、一部信託銀行や地銀、信金の中には、法定耐用年数を超えた融資を行うところもありますが、危険ですのでこれは絶対にやるべきではありません。法定耐用年数を超える融資は、耐用年数の期間内は減価償却によって現金を内部留保できるためキャッシュフローが回っていますが、耐用年数を過ぎて減価償却ができなくなった年に途端に資金ショートを起こして、回らなくなる可能性が大きいからです。

耐用年数経過前には、

NOI（純収益）－ADS（年間元利返済）－所得税・住民税＋減価償却費＞0

で、これまで減価償却費分は外部にキャッシュが出ていかないためにキャッシュフローが正であったのが、耐用年数経過後には、減価償却費がキャッシュフロー上計上できなくなってしまうため、

NOI（純収益）－ADS（年間元利返済）－所得税・住民税＜0

で、キャッシュフローが負になってしまい、元利金を返済することができなくなるからです。

収益還元法をとっている銀行は、通常、法定耐用年数を超えた融資を他行で受けている方の場合には、その物件を処分しない限り新規の融資をすることはありません。

さて、木造は金がない人間が買うものではないというもう1つの理由としては、小規模な木造の場合には、総戸数が少ないため、1室空室が出た場合のキャッシュフローに与えるインパクトが大きいという点も付け加えておきます。6室で1室の空室が出たら空室率16・6%ですので、かなり大きいです。

ボラティリティ（収益の振れ幅）が低いから、オフィスビル投資じゃなくて居住系の不動産投資をしているのに、これでは居住系に投資することのメリットが享受できないことになってしまいます。

2 RCはアクセル、木造はブレーキ

さて、お金がない人間にとっては、金食い虫のように見える木造ですが、少ない自己資金を使ってRCで資産が数億円できてくると、また違った見え方でとらえるようになります。

売主が個人であったりしますと、最高です。**お金持ちにとっては、木造は非常においしい投資です。**

第1章で「ベンツは4年落ち」という話をしましたね。これは、単に「世の中には、汗水たらして働いたお金をせっせと貯金して、やっとの思いで外車を買う人たちと、節税のためにしょうがないから買う人たちがいます。物事の順番を入れ替えるだけで、こんなにも違った世界と違った物の見方が出てくるのです」という、物事の見方を解説しただけではなく、二重の意味を持たせたたとえ話でした。

ベンツについての耐用年数についてお話ししたときに、中古資産の耐用年数の計算で、

法定耐用年数の全部を経過しているとき
耐用年数＝法定耐用年数×20％

中古資産が法定耐用年数の一部を経過しているとき
耐用年数＝法定耐用年数－経過年数＋経過年数×20％
（1年未満の端数切り捨て。最短2年）

というのを説明しましたよね。

ここで、木造は築22年だと、［22－22+22×0.2＝4.4年］で4年で落とせますよね。ということは、個人から木造を購入して、その土地建物割合で、建物の割合を思いっきり引き上げれば、わずか4年で木造を償却することができるわけです。

とすると、ここで潤沢なキャッシュフローが蓄積されることになります。

そうすれば、そのキャッシュフローを使って、またRCによって投資することが可能になってきます。

ちなみに、なぜ個人から買うことが必要かわからない方のために簡単に解説をしておきます。

消費税と減価償却費

まず大前提として、消費税とは消費に対してかかるものですが、土地の売買は資本の移動であって消費ではないという考え方から非課税になっています。建物の売買は消費税の対象になります。

ただし、建物の売主が個人の場合には、（その個人が課税事業を営んでいない限りは）非課税です。これに対して、売主が業者の場合には原則どおり建物には消費税がかかります。

そして、平成16年４月１日からは課税事業者は総額表示を義務づけられていますので、不動産を購入する場合の価格とは当然に税込みの価格になります。

ですから、１億円の土地付き建物を取得する場合に、売主が業者ですと消費税がかかりますので、たとえば、

土地２０００万円、建物８０００万円（税込み）の場合

土地を２０００万円とした場合には、建物は税込みで８０００万円ですが、建物価額は、［8000万円÷1.05＝7619万円］ですので、消費税を除いた正味の価額は９６１９万円となります。

土地8000万円、建物2000万円（税込み）の場合

ところが、土地を8000万円とした場合には、建物は税込みで2000万円ですが、建物価額は、［2000万円÷1.05＝1904万円］ですので、消費税を除いた正味の価額は9904万円となります。

土地と建物の割合を変えるだけで、［9619万円－9904万円＝285万円］も業者の受け取る金額は少なくなってしまうわけです。

一方で、土地は減価償却しませんが、建物は減価償却します。

また、減価償却費は実際には外部に出ていかない費用ですから、キャッシュフロー上はプラスになります。

となってきますと、買主としては、減価償却を大きくしてキャッシュフローを作り出そうとしますので、建物の価額が大きければ大きいほどいいわけです。

これに対して、売主としては、売買金額が決まっている以上は、建物の金額が大きくなると、その分消費税で持っていかれる額が大きくなって、自分の手取りが少なくなるので、仮に売主が課税事業者の場合には売主と買主で利益が相反するんですよね。

売主はなるべく建物の価額を小さくしようとするし、買主はなるべく建物の価額を大きくしようとする。

ところが、売主が個人の場合には原則として消費税がかかりませんので、土地建物割合を変えたとしても、売主の手取り額には何の影響もなく、その土地と建物割合は自由に決定できるわけです。

そういったわけで、売主が個人の場合には買主としては取引を有利に進められます。

じゃあ、相手が法人の場合には、どうしようもないのか？

相手が法人の場合に、単純に消費税分を買主側で負担してあげればいいだけですよね。

消費税分を余分に支払ってあげたとしても、それは一時的な支出ですが、建物の割合を大きくすることは、（短期間で建物を売却することを想定している場合以外には）将来にわたって、減価償却費によるメリットを享受できるからです。

たとえば税込みで１０００万円分建物割合を引き上げる場合には、［1000÷1.05＝952］ですので、48万円を売主に支払えば、売主側の実際の手取り金額は減りません。よって、この48万円は消費税のかからない土地金額の増額とします（そうでないと、その余分に渡した48万円のうちの建物割合にさらに消費税がかかってきてしまいますので）。

仮にこの建物割合の増加分の１０００万円を25年で償却しようとすると、１

年当たりの償却額は40万円になります。この部分の節税効果は、［償却額増加分×実効税率］ですので、この不動産を2年ちょっと保有すれば、この減価償却分のメリットを享受できることになります。

ヒール・アンド・トウ

さて、話が横道にそれましたが、自己資金の豊富な方が、個人から木造を購入して、その土地建物割合については建物の割合を思いっきり引き上げれば、わずか4年で木造を償却することができるわけです。

つまり、ＲＣは法定耐用年数が長く、融資を長期で組めるために少ない自己資金で物件をどんどん買っていけます。ですから、ＲＣは資産規模を急拡大するのには都合のいいアクセルです。

ところが、アクセルべた踏みで加速して不動産を購入しつづけると、ＲＣの償却期間は47年と長いため、1年当たりの減価償却の金額が少なく、資産規模は拡大できたとしても、家賃収入については、そのほとんどが元利金の返済と所得税、住民税の支払いに消えてしまうため、手元のキャッシュはあまり厚くなりません。

そこで、数億円の資産規模になって、ある程度自己資金がたまってきた段階で、木造をキャッシュ買いすれば、ほかに自己資金を投入できなくなるために資産規模の拡大には一時的にブレーキを踏むことになりますが、築年数が経った木造の場合ですと、償却期間が短いため、大きな減価償却によってキャッシュがたまるわけです。

ＲＣで資産拡大のアクセルを吹かしながら、木造への現金の投入でブレーキを踏んで、減価償却というエンジンブレーキをかけ、シフトダウンする。短い減価償却期間終了時にはキャッシュがたまっているので、再度ＲＣで立ち上がりの加速が可能である。たとえていえば、ヒール・アンド・トウで車を操る感覚ですね。

3 投資手法の使用上の注意

僕がこの章で述べた投資手法は、必ずしも最適な投資手法ではありません。それどころか、金利の影響を受けやすく、成長性に重点を置いているため、安定性に欠ける面があります。この章で述べた投資手法は、あくまでも、**自己資金を持たない貧者が爆発的に資産規模を拡大していくための戦略**です。

自己資金が数千万円ある方は、左記の指数をにらみながら、LTVを80％以下に抑えることをお勧めします。あるいは、キャッシュフローに余剰ができてきた方は、繰り上げ返済によって借入期間の短縮を図ることをお勧めします。

LTV（loan to value：借入金比率）

これまで述べてきた投資手法は、自己資金ゼロでレバレッジを最大限に効かせてLTVを100％とするわけですから、正のレバレッジが効いている間は資産は急速に拡大することになります。

正のレバレッジとは、「FCR（投資収益率）＞ROE（自己資本利益率）」

となって、調達金利よりも運用利回りのほうが大きい状態をいいますので、この場合には借金をすればするほど儲かることになります。

半面で、空室率の増大などで収益が減少し、**いったん負のレバレッジが効くようになると、損失が何倍にも増大する**ことにもつながります。

ですから、借入金を限界まで増やすということは、それだけデフォルトのリスクが高まるということです。

DSCR（借入償還余裕率）

ですから、破綻しないように常にDSCR（借入償還余裕率＝NOI÷元利金返済額）をモニタリングしていく必要があります。

マシンを高速でドリフトさせながら、カーブを曲がるようなものですから、一歩間違えばガードレールに激突してあの世への旅となります。

仮に投資額2億円を期間30年、金利3％で全額借入金で資金調達し（LTV＝100％）、NOI（家賃収入－不動産管理などの費用。利息、減価償却費は差し引き前）が8％だとすると、NOIが1600万円、年間の元利金返済額は1011万円となります。

その場合、［DSCR＝1600÷1011＝1.58］となります。

格付け機関の投資適格レベルの最低限のDSCRが通常1・6程度なので、見た目ほど危険ではないといえます（格付けはDSCRだけでなく、LTVとの関係で決まりますので、実際にはLTV＝100％の場合に投資適格ということはできませんが）。

このDSCRの値が1より小さくなれば、借入金が返済できなくなり破綻します。銀行は通常、DSCR1・2以下だと融資しません。

キャップレート（総合還元利回り）

なお、不動産の投資判断にあたっては、マイソク(注)などの物件の図面に表示されている表面利回りは何の意味も持ちません。NOI（純営業収益）を把握していかないと、地獄を見ることになります。

グロスの収入から、固定資産税、都市計画税、管理費、火災保険料、修繕費、共用部分の電気・水道代、空室部分の家賃を引いて不動産の正確な収益力を見ていく必要がありますが、これがNOIです。

ここで、借入金の金利は確かに費用ではありますが、前述のLTVの件でおわかりのように、その人の投資スタンスによってLTVは変わってきます。ですから、金利の額は借入金の比率によって当然に変わってきます。

マイソク
物件の概要や間取り、地図のかかれたファクトシートのこと。

借入金の金利が指標に混じってくると、本来の収益力がわからなくなってしまいますから、異なった不動産間での比較ができなくなってしまいます。ですから、収益から借入金の金利は控除せずに純粋に不動産の収益力を見るのがNOIなんですよね。

また、建物にテナントニーズの高度化に合わせて改良を加え、不動産としての資産価値を高める追加投資としての資本的支出をしていくか、義務的支出としての修繕しか行わないのかによっても減価償却費は変わってきます。ですから、減価償却費も控除していないわけです。

NOIはあくまでも投資の意思決定上の概念であって、税務上の概念とは異なります。

利回りを見るときには、キャップレートというものを使います。

キャップレート（総合還元利回り）＝NOI÷総投資額

この分母に使われる総投資額には、物件の取得価額のほかに、不動産取得税、司法書士報酬、登録免許税、契約印紙代、ローン手数料、仲介手数料など取得に要したすべての費用を加算する必要があります。

じゃあ、キャップレートが実態を表しているから正確かというと、グロスの利回りよりはマシだけど、これには時間軸の考え方が入っていないので、収益にしても費用にしても取得時のものだから、ざっくりした目安にはなるという程度のものにすぎません。

不動産投資にあたって、デフォルトを起こさないように考えていくには、LTVとDSCRを中心にして投資判断をしていく必要がありますね。あとは、各人の自己資金とリスク選好の度合いによります。

以上の投資手法に従って投資していく以上は、利回りの相場などというものは関係なくなってきます。投資するかどうかは、相場で決めるものではなく、指標に合えば投資しますし、適正な指標を超える水準まで相場が上がってくれば投資を止めるだけです。

ここ数年のうちでは、相場の調整局面で東京においても投資可能なタイミングがくると思います。そのときには、東京での投資に出動していけばいいと思いますが、第6章でも述べるように、今の東京は投資指標からいえば過熱気味なのではないかと思います。

これまでに仕込んでいた方にとっては、絶好の売り場を提供してくれるでしょうし、買い一辺倒ではなく売りも視野に入れる必要がありますね。休むもまた相場です。

4

利回り星人に資産は築けない

うちに時々、「利回り星人」が来ます。「高利回りの物件をくれ。高利回りの物件をくれ」と叫ぶだけで、他の投資基準は一切ありません。

時間軸の観念はないのでしょうか

利回りといっても、その時点での時間軸を全く考慮していないわけです。新築の10%と築17年の12%とでは、築17年で12%のほうが利回りは高いのですが、それでいいのでしょうか？　利回りは時間と共にあり、法定耐用年数と、ローン期間、ＤＳＣＲとも関係してきますよね。マイソクに載っている利回りというのは、あくまでもその年（または前の年）に得られた利回りですので。

管理費をぼったくられてもいいのでしょうか

区分所有ではありがちな話だと思いますが、仮に６００万円の価額の物件で月の家賃が５万円の物件だとしますと年間の家賃収入は60万円、グロス利回りで10%ですよね。でも、もしこの物件が管理費１万円、修繕積立金５０００円だとすると、利回りは一気に7％まで下がります。

ここまで極端でなくても、1棟ものの場合であっても物件を売却する際に、管理条件付きとして特定の管理会社を指定した売買がされる場合があり、物件概要の備考の欄に書かれていたりします。この場合には通常の管理費である5％より割高な管理費を取られる場合があります。

利回りは、ネット収入で見ないとどうしようもないですが、たいていの利回り星人は表面利回りでもって物事を判断しようとします。

家賃が実勢相場を反映していなくてもいいのでしょうか

第7章3「レントロールからわかること」（195ページ）でも述べますが、家賃相場は高利回りの物件の場合には、現状の相場を反映していないケースがあります。

極端な話、利回り星人を騙そうと思えば簡単です。架空の賃貸借契約を自分の身内を入居者として締結して、家賃を通常の相場より割高に引き上げます。そして物件を高利回りにした後で、それを利回りに目がくらんだ利回り星人に売却し、その後、速やかに身内を物件から退去させます。物件売却までの期間の賃料の持ち出しはありますが、利回り星人を騙して物件を通常の何割も高く売りつけられれば、そんなものは安いものです。

利回りに目がくらんで、他の投資指標を無視することはこのように大変危険なことです。

レバレッジが効かなくてもいいのでしょうか

実際にあった例で、駅から徒歩1分で、利回り10%の物件がありました。この物件は土地区画整理事業の区域内にあり、将来的には建物が取り壊される可能性があるため銀行の融資がいっさい付かない物件でした。そのため、2億円近い現金を用意する必要がありました。利回り星人は、レバレッジがいっさい効かない物件でも投資するのでしょうか？　また、利回り星人は通常自己資金をあまり持っていませんが、2億円という現金は用意できるのでしょうか？

そこまで極端でなくても、利回りが高い物件は、木造・鉄骨など法定耐用年数と融資期間の関係で、仮に利回りが10%であっても、自己資金を50%以上入れないといけない物件が多いのですが、利回り星人はレバレッジが効かないで、CCR(注)が低い投資で納得できるのでしょうか？

キャピタルロスが発生する物件でもいいのでしょうか

千葉の物件などの場合には、いまだに大きなキャピタルロスが毎年発生し、地価の下落が止まらないばかりか、今後人口が急速に減少していくエリアも多

CCR＝キャッシュオン・キャッシュ・リターン
自己資金に対する収益率。

いのです。

また、物件によっては区分所有のように古くなると流動性に乏しく、売却の際には大幅な値引きが必要とされる物件もあります。

年間のキャピタルロスが10%、利回り星人の好きな表面利回りが10%とすれば、表面利回りで考えても収益率はゼロです。ここから、固定資産税・都市計画税、管理費、火災保険料、修繕費、所得税・住民税を引くとマイナスの収益率ですが、そのような物件の売却の際にキャピタルロスの大きく発生するエリア・物件でも、利回り星人は表面利回りさえ高ければ、投資をするのでしょうか？

修繕費用が大きくかかってもいいのでしょうか

利回り星人の希望する高利回りの物件は、通常かなり築年数の経った物件が多いのですが、そのような物件は小規模修繕では対応できず、買ってすぐに大規模修繕で資金がかかると思うのですが、利回り星人は、追加投資はいっさい考えず、購入時の金額を分母として利回りを考え、そのような物件であっても利回りが高ければ投資をするのでしょうか？

特に、区分所有の中には、長期修繕計画もいいかげんで、いざ大規模修繕をする際には、多額の一時金が必要になってくるものもあります。もしかしたら、その区分所有は所有者間の修繕についての合意が得られず、所有者がマンションがスラム化する前に叩き売って逃げ出すために高利回りで売りに出したものかもしれません。

そうすると、今後は修繕積立金が大幅に引き上げられるか、多額の一時金が徴収されるか？　いずれにしても、今の高利回りは維持できなくなるでしょう。

不動産を購入する場合には、初期の取得額ばかりに目を奪われがちですが、不動産投資における用地取得から始まって、解体・廃棄処分までのすべてのコスト（LCC：ライフサイクルコスト）のうちで、物件の運用管理にかかる費用は物件建設の費用の何倍にもなります。給湯器、エアコン、エレベーターなどはその間に何度も取り替えることになります。

物権取得にあたっては、初期投資額のみならず、運用管理費についても注意する必要があります。

旧耐震の物件でもいいのでしょうか

利回り星人の希望する高利回りの物件は、通常築年数のかなり経った物件が多いのですが、昭和56年以前の建物は、阪神・淡路大震災でも、それ以後に建てられた物件の被害が最小限に抑えられたのとは対照的に、大規模な被害を受けています。

今度地震が来たら倒れて入居者に迷惑をかけてしまう物件でも、高利回りであれば投資をするのでしょうか？

借地権の物件でもいいのでしょうか

利回り星人の希望する高利回りの物件は、借地権のものでもいいのでしょうか？　賃借権の場合には、土地に対して担保の設定ができないため、通常は融資が付きにくいのですが大丈夫でしょうか？（ついでながら、物件概要を見ていると、旧法賃借権の場合には借地期間と書かれています。この場合、借地期間が満了したら土地を返さなければならないと誤解している方がいますが、旧法賃借権の場合には地主に正当事由がない限り、期間満了後も自動更新してそのまま土地を使いつづけられます。ただし、旧法賃借権の物件を譲渡する場合には、借地権価額の5～10％程度の承諾料を支払う必要があります）

なお余談ですが、定期借地権の収益物件は、市場にはほとんど出ていませんが、仮に出てきたとしても一定期間が来れば土地を返さなければならないものです。これまでの不動産投資では建物は減価するもの、土地は減価しないものと考えれば足りていたのが、土地の借地権も期間の経過に応じて減価するものと考える必要がありますので、キャピタルロスが必ず発生するとの前提のもとで出口での売却価額を計算しなければなりません。とすると、旧法賃借権の場合と同一条件と仮定した場合には、より高い期待利回りが必要とされることになりますね。

空室率の高い物件でもいいのでしょうか

利回り星人の希望する年間利回りが15%の物件がありました。でも、空室率50%で今後も埋まる見込みはないのですが、このような物件でもいいのでしょうか？

容積率オーバー・建蔽率オーバーの違法建築でもいいのでしょうか

容積率オーバー、建蔽率オーバーの違法建築は、やってはいけないことをやって収益力を高めているわけですから、利回りが高いのは当たり前ですが、利回り星人はこのような物件でもいいのでしょうか？　オリックス信託銀行でも容積率オーバー10%を超えると融資はしませんが大丈夫ですか？

あるいは再建築不可の物件（市街化調整区域の土地、接道義務に違反している土地建物などや、既存不適格物件）でも高利回りだったらいいのでしょうか？

以上述べてきたことで、利回りにこだわることがいかに愚かなことなのかがおわかりになったと思います。利回りというのは、本来リスクプレミアム（リスクに対するリターンの増加分）です。利回りが高ければ、それに越したことはありませんが、リスクが同じなのに利回りだけが高いということはあり得ません。

不動産投資のコツは高利回りの物件をなんとか探し出して買いつづけることではなく、利回りが低い物件の管理コストの削減、稼働率の向上、賃料単価の上昇などのバリューアップを図って（内部成長）、レバレッジによって物件を取得しながらいかに収益率を高めていくか（外部成長）にあります。

物件を5億、10億と取得していくにあたって、外部成長ばかりに目を奪われて、足元の自分の物件の内部成長を十分に図らず、取得してから収益率が減少するままにまかせているのでは、いずれは資金調達もできなくなってしまいます。キャッシュフローの増加は、新規物件の取得によるものばかりとは限りません。

もういい加減、利回り星人はやめませんか。

第6章

エリアマーケティング

1 東京の物件にこだわる理由はない

僕のところには、東京至上主義とでもいう、何が何でも東京にこだわっている方から、よく問い合わせがあります。

「東京の物件だったら、空室リスクがないから」

「東京だったら、これからも人口が減らないから」

などなど、いろいろな理由で東京にこだわって連絡してくるわけです。

僕は、もともとマーケティングの専門家でして、『インターネットを使って自宅で1億円稼いだ　超・マーケティング』（ダイヤモンド社）や、『超・営業法』（PHP研究所）、『ハイパワー・マーケティング』（インデックスコミュニケーションズ）などのマーケティング書籍の執筆と監訳をしてきています。

そのマーケティングの専門家である僕から見ると、これまで不動産業界においては、マーケティングという概念がほとんどありませんでした。

需給関係に基づかない価格形成が長期にわたって行われてきて、理論的な根拠を持たない一種単価だとか、路線価が幅を利かせてきました。

ですが、バブル崩壊と長期の地価下落を経て、収益不動産の価格はその収益力をベースとした収益還元法によって理論的に形成されていく方向へと動き始めました。となってくると、その収益力を決定する要因の1つとして（当然、それ以外の個別要因もありますが）、そのエリアの人口動態を見ることによって、需給関係を考えることが必要になると思います。

何の根拠もなく「東京の物件だったら、空室リスクがないから」とか、「東京だったら、これからも人口が減らないから」と言っているようでは破滅の道をたどることになります。東京よりも空室リスクが低かったり、人口が増加するエリアを理論的に考えようとしていないからです。

バブルの時代のように、日本全体の地価が上昇するような状況は今後の日本においては、あり得ません。収益力の有り無しに応じて勝ち組の土地と負け組の土地に二極化していきます。

ですから、東京に不動産を持っていれば安全という時代ではないのです。また、仮に東京の物件の空室リスクが少なく、人口が減少しないとしても、理論価格以上に不動産の価格が割高になっていれば、投資すべきではないということです。

エリアにおける人口動態を考える前提として、人口動態を探るための道具を少し紹介しておきます（マーケティングの世界では常識ですが、不動産投資の本ではほとんど紹介されていないようですので）。

国勢調査（5年ごと）〈総務省〉

外国人も含めて、調査時に日本に居住するすべての人を対象に、人口、世帯に関し、男女、年齢、国籍、就業状態、仕事の種類、世帯員の数などを調べる国の最も基本的、かつ、規模の大きな調査です。

人口推計（国勢調査の年以外）〈総務省〉

5年ごとに実施される国勢調査を補うために、国勢調査の実施間の時点において人口動態統計や、出入国管理統計などの資料をベースにして推計します。5年ごとでは、その間の数字がわからず困るからですね。

住民基本台帳による人口〈総務省〉

市区町村の住民基本台帳に記載されている3月31日現在の日本人の人口、世帯数および1年間の人口動態の統計です。

人口動態〈厚生労働省〉

国内で発生した出生、死亡、婚姻、離婚、死産の届出書に基づいて作られる、日本において発生した日本人の人口動態事象の統計です。

将来推計人口〈国立社会保障・人口問題研究所〉

国立社会保障・人口問題研究所が5歳階級の男女別人口を西暦2100年まで予測したものです。この中で、小地域簡易将来人口推計システムというものがあります。これは、ユーザーの設定した将来の出生率に基づいて、最長2100年（平成112年）までの人口構造を簡易に推計するシミュレーションシステムで、市区町村などの小地域の将来人口を推計し、グラフや人口ピラミッドを作図することもできます。

これらの統計資料を見ていただければわかりますが、東京でも人口が減少しているエリアもあります。また、総務省の住宅・土地統計調査を見ても、東京都より空室率が低い都道府県などいくらでもあります。

つまり、**「東京都＝人口が減少しない・空室率が少ない」という公式は全く成り立たないということがおわかりだと思います。**

「東京の物件だったら、空室リスクがないから」
「東京だったら、これからも人口が減らないから」
という人間は、勝手にイメージで物事の判断をしている人間ですから、華やかにデザイナーズ系インテリアで飾られたワンルーム業者のモデルルームにでも行って、将来の年金生活のイメージを膨らませて騙されてください。
イメージは大衆を操作するための、まやかしの道具にすぎません。数字で物事を判断できない人間は確実に地獄を見ます。

家賃に名前は書いていません。「これは、表参道で採れた家賃の1万円です」「これは、浦和で採れた家賃の1万円です」などと、産地によって価値が違うなんてことはあり得ません。お金はどこから産出されたものであってもお金です。東京が悪いといっているのではなく、今の東京は高くなりすぎていて、自己資金が少ない方にとってはキャッシュフローが回らないのでまだ早いですよと申し上げています。

東京にこだわらずに収益性の高いエリアでＬＴＶ（借入金比率）を高めにして投資しながらキャッシュを作っていって、潤沢なキャッシュがたまってきた段階でＬＴＶが低くても都心で希少性のあるトップクラスの立地にある物件に投資するのならわかります。しかし、自己資金も大して用意できもしない人間が、東京の都心立地にこだわって投資しようとしても、現在の市場に出ている物件ではノンリコースローン(注)でも付けて、利息だけ支払う形にしない限りはキャッシュフローが赤字になるので身分不相応と言わざるを得ません。

ノンリコースローン
ローンの返済が不能になった場合に、担保とされる不動産以外には債権の取り立てが及ばない非遡及型の融資。通常は期間５年程度、元金は期日一括返済、期間中は利払いのみでの融資が多い。

2

大阪が日本第2の都市って誰が言ったの？

さて、道具がそろったところで、その道具を少し使ってみましょう。

昔、小学生の頃、社会科の時間に大阪は日本で2番目に人口が多い都道府県だと習った記憶があります。

本当でしょうか？

まず、平成17年（2005年）3月31日現在の住民基本台帳による人口を見てみます。

すると、下の表のようになっています。

大阪府と神奈川県では、住民基本台帳ベースでの差は7270人しかなく、しかも神奈川県は前年比で4万人以上の増加であり、大阪は前年比減少です。

とすると、平成17年（2005年）中には、日本第2の都道府県は大阪ではなく神奈川になると考えられます。

また、国立社会保障・人口問題研究所の平成14年（2002年）3月推計の都道府県の将来推計人口を見てみますと、2010年の段階での神奈川県の人口は881万7000人、大阪府の人口は867万3000人となっています。

2005年の人口

	大阪府	神奈川県
人　口	865万1301人	864万4031人
前年比増加人数	▲676人	4万3922人
増加率	▲0.01%	0.51%

近いうちに、大阪府と神奈川県の人口が逆転して、東京、大阪、神奈川の順番が東京、神奈川、大阪になることはほぼ間違いないと思われます。

次に、東京都23区、さいたま市、大阪市、名古屋市の今後5年ごとの将来推計人口を小地域簡易将来人口システムによって推計してみますと（最終年の出生率は簡便化のために2000年の合計特殊出生率と同じと仮定し、さいたま市は市町村合併のため旧大宮市とします）、下の表のようになります。

東京23区は、25年間で12・5%の人口減少、大阪市は19・6%の人口減少、名古屋市は16・3%の人口減少で、これに対してさいたま市は5・6%の人口増加です。

これで、東京都内であれば空室リスクがないとか、人口が減らないというのが、いかに出鱈目かということが、はっきりと数字でおわかりになったと思います。

名古屋は景気がいいなどというのもごく短期的な現象で、将来的には実に16・3%も人口が減少してしまいます。イメージ先行での不動産投資がいかに危険かおわかりだと思います。

人口が10%を超えて減少するということは、街並みが変わってしまうほどの影響があるということです。

（単位：人）

	2005	2010	2015	2020	2025	2030年
東京都23区	8,168,556	8,104,257	7,954,480	7,739,365	7,462,348	7,139,590
さいたま市	476,481	491,844	501,427	505,968	506,434	503,461
大阪市	2,561,624	2,495,756	2,405,217	2,298,274	2,181,504	2,059,019
名古屋市	2,162,273	2,129,280	2,072,860	1,997,388	1,908,039	1,808,850

ちなみに、これからの人口減少時代の日本で最も人口の伸び率が高いのはさいたま市です。「通販大家さん」が、投資家にご提供している物件の大部分がなぜさいたま市のものなのかがご理解いただけたと思います。

念のために申し上げておくと、僕は六本木在住でして、決してさいたま市に住んでいるから肩を持っているというわけではありませんので、誤解のないよう。

3 日本は確実に沈んでいく

2005年は、出生率が、想定される最も低い水準で推移しているとした場合（これを低位推計といいます）、人口が減少し始める、始まりの年になります。日本の人口は、まさにこれからどんどん減少を始めるのです。

当然ながら、このことは賃貸物件の空室率と密接な関係があります。そこで、この日本の人口について、少し見ていきたいと思います。

不動産投資をするにあたっては、確かに投資の収益率などを計算することは大切ですが、仮に満室時の高い想定利回りが計算上出ても、将来的に賃料が下落したり、空室が出たりするエリアであれば、計算の前提が崩れてしまう場合があります。

物件固有の設備などは後から手を入れることによって変えることが可能ですが、物件は動かすことができない環境の中に置かれているわけですから、物件が置かれたエリア全体の中で、その物件を位置づけていく視点が大切だと思います。

既出の国立社会保障・人口問題研究所は日本の将来人口について3シナリオを描いています。出生率の推移の水準を、高いもの、中くらいのもの、低いものとして描いたシナリオがそれぞれ『高位推計』、『中位推計』、『低位推計』と呼ばれるものです。

低位推計によるピークは2004年

このうち、出生率が想定される最も低い水準で推移しているとした場合である低位推計によれば、2004年に1億2748万3000人で天井をつけた後、2030年には1億1329万7000人に減少します。低位推計によれば、すでに人口は減少を始めているわけです。

中位推計によるピークは2006年

中位推計でも、低位推計にわずかに2年遅れるだけの2006年に1億2774万1000人で天井をつけた後、2030年には1億2508万人に減少します。

高位推計によるピークは2009年

仮に、想定される最も高い出生率の水準で推移した場合であっても、200

9年に1億2815万1000人で天井をつけた後、2030年には1億2126万2000人に減少します。

つまり、低位推計~高位推計までいずれのシナリオに立った場合であっても、日本の人口はすでに減少が始まっている、またはあと数年内には確実に減少の過程に入るわけです。

ただし、日本全体の人口が減少するからといって、日本全土にわたって人口が均一的に減少していくわけではありません。先ほどご説明したように人口が増えるエリアもあれば、減るエリアもあるわけで、全体の流れは理解しつつ、自分が投資しようとしている個別の物件を取り巻く環境を見ていく必要があります。

これまで不動産投資をする場合に、エリアマーケティングはあまり重視されてきませんでした。

というのは、賃貸住宅への不動産投資というものが日本で始まって以来、日本全体の人口が増加しており、減少するということは一度もありませんでした。ですから、仮にエリアごとに需給のばらつきがあったとしても、需要が全体的に増加することで個別のエリアの需給の偏在をある程度吸収してきていたからです。

ですから、その駅がどのような駅であれ、「駅から徒歩10分以内」などという基準で物件の選択が行われてきたわけです。

しかし、本来、物の価格は基本的には需給によって定まるものであり、不動産の賃料もその例外ではありません。賃貸需要が多いにもかかわらず、物件の供給が少なければ賃料相場は高止まりするでしょうし、逆に賃貸需要が少ないにもかかわらず、物件が過剰であるとすれば、賃料はどこまでも下がることになります。

また、不動産賃貸市場においても、空室リスクは、賃貸物件の需要と供給される物件数によって決まることになります。賃貸需要が多いところでは、空室リスクは少ないでしょうし、需要が少ないエリアに間違って投資してしまえば、常に空室のリスクにさらされることになるわけです。

そこにきて、今世紀初頭から日本の人口が全体的に減少を始めているわけですから、今後はエリアによる需給の偏在は顕著に現れてくることになります。

その意味では、不動産投資においてもマーケティング的な観点を外すことはできません。

県別に絞り込んでみると

日本全体で人口が減少するといっても、減少の度合いにはばらつきがあるわけでして、次に都道府県別に人口がどのように減少していくか見てみましょう。より減少の程度の少ないエリアで不動産投資をして、空室リスクをなるべく抑えたいものですよね。

同じく、国立社会保障・人口問題研究所が2002年3月に推計した都道府県の将来推計人口を見てみましょう。2000年を100とした場合の2030年の人口は下の表のようになっています。

全国的に人口が減少するとはいっても、県別に見れば人口が増加しているエリアは結構あります。

全国平均の2000年を100とした場合の指標である92・6に対して、北海道、大阪はこれをさらに上回る大幅な人口減少が見込まれるエリアとなっています。

非常に大雑把にいって、同じ利回りであれば、北海道、大阪よりも首都圏を中心としたエリアに投資したほうが安全ということです。

2030年の都道府県人口

（2000年を100とした場合）

全国	北海道	宮城県	東京都	千葉県	埼玉県
92.6	83.9	98.0	100.7	97.3	99.7

神奈川県	愛知県	大阪府	滋賀県	福岡県	沖縄県
101.6	97.0	87.0	113.9	99.4	108.4

とはいっても、同じ県の中でもエリアによって人口の推移はかなり違ってきます。ですから、さらに細かく調べるためには、市町村単位で人口の推移を見ていく必要があります。

都市別に絞り込んでみると

全国の主要都市を同じく2000年を100とした場合で見てみますと意外な結果が出てきます。

まず、先ほど見たように北海道全体では、人口は大幅な減少を見せていますが、札幌は人口が増加しています。

東京都全体では、人口は増加しているのですが、東京23区では減少しており、増加部分は必ずしも23区ではないことがわかってきます。

愛知も県全体では、97・0とあまり人口が減少しないのですが、こと名古屋市については、88・3と大幅な減少が見込まれています。

大阪は、府全体でも大阪市でもいずれも人口が減少しています。

つまり、県と特定の都市では、必ずしも人口の動きが一致していないわけです。

2030年の主要都市人口
（2000年を100とした場合）

札幌市	仙台市	千葉市	東京23区	さいたま市
102.6	110.4	104.3	97.3	118.6

横浜市	名古屋市	大阪市	福岡市
104.8	88.3	83.6	114.5

小地域簡易将来人口推計システム

ご自身が不動産投資をされる場合、物件の所在市町村の将来の人口を簡単に推計する方法があります。

〈http://www.ipss.go.jp/〉にアクセスし、［人口問題関係］→［将来推計人口データベース］→［小地域簡易将来人口推計システム］とクリックすれば、その市町村の大雑把な将来人口が推計できます。

将来人口を推計する際には、ローン返済期間よりもさらに5～10年くらい長くとって調べたほうがいいと思います。

仮に、ローン返済期間中に問題がなくても、返済期間終了後に人口が減少することが見込まれる場合には、転売など出口戦略が難しくなるからです。

人口減少が目前に迫っているのにその物件を買ってくれる人などいないでしょうから。

ご自身が住んでいるエリアを調べてみて、人口が大幅に減少するのであれば、わざわざそれを知っていてそのエリアで不動産投資をすることはありません。

不動産投資に最適なエリアを選んで投資をするほうが合理性がありますので。

また、先ほど出てきた道具の1つに住民基本台帳に基づく人口というのがありましたが、これには単に人口だけではなく、世帯数も載っています。

自分が投資するエリアを決定したら、さらにそのエリアの中での世帯数を詳細に見て単身者向けの1R・1DKを狙ったほうがいいのか、3LDKなどのファミリータイプを狙ったほうがいいのかなど、地域特性に応じたプランを探っていく必要があります。

あくまでも外部環境ですが

以上のような数字はあくまでも、その物件が置かれた外部環境のことで、当然物件固有の力で人口が減少するエリアでも満室経営ができる場合もあるでしょうし、管理の状態などによっては需要が多いエリアでも空室、賃料下落などが発生することもあるでしょう。

でも、外部環境を知っているのと知らないのとでは、投資エリアの選択も違ってくると思います。ご参考になればと思います。

不動産投資においては、**狭いエリアに集中して、物件を探していくことが重要です。**

そのエリアを深く知れば知るほど、情報も集中してきますし、他の投資家が見落としている機会を発見できる可能性も出てくるものです。

ある物件は、駅からバスで15分の更地であったため、あまり見向きもされずに長期間レインズ(注)で棚ざらしの状態にありました。

僕が現地に見にいってみると、実はその土地は国立大学の正門からわずか2分の位置にあり、大学から最寄駅まではかなり離れているため大学周辺での学生の需要が非常に高いということがわかりました。それで、ボリュームプランを入れてみると、新築でグロス12%以上の利回りが見込めるものであったため、会員の方に紹介しましたが、一瞬で売れてしまいました。

これなども、マイソク(152ページ)や不動産検索サイトなどの物件の図面を見ていただけでは、「駅からバス15分の更地」としか出ていないわけですから、なかなか触手が動かないでしょうが、そのエリアを深く知っていたことから、現地を見て、いけると判断してのことでした。

不動産においては、情報は全員に完全に行き渡っていません。情報が非対称であるからこそ、特定のエリアを深く知って、現地を見て立地特性を判断して、個別の要因で隠された需要がある物件を発掘してくることが大切です。

レインズ=不動産流通機構
不動産の売買、賃貸などの情報を登録する指定流通機構。

4

ここがおかしい日本の不動産投資

ここまで日本の人口動態について見てきたのですが、ここのところの地価上昇について一役買っているファンドの動きについて、外資系不動産会社で仕事をしている不動産鑑定士のSさんに説明してもらいました。

S氏：最近は物件の取得競争が激しく、都内ではファンドが物件を取得することが困難になっています。そこで、ファンドがマーケット価格がすべてだといわんばかりにデューデリ会社や鑑定機関が評価した価格を無視した2倍くらいの金額で落札する状況をよく見かけます。そうでもしない限り、Ｂｉｔ（競争入札）の場合落札できないんです。ファンドに組み込まれる物件の中には周辺の物件と比べて明らかに見劣りするものがそうした高値で買われています。じゃあ、いったい全体そんな高値で買った物件はどうやって出口を迎えるのでしょうか？

金森：確かに、僕なんか任意売却に入札で参加していましても、地方の物件で、こんな値段で採算が合うの？　というような金額でファンドが落としていくケースがありますね。ファンドが取得した物件はどんな出口があるんですか？

S氏：よくあるファンドのパターンは、とにかく金余りの現在の状況に任せてまず私募ファンドで買い、ある程度アセットが積み上がったところでＪ－ＲＥＩＴ（51ページ参照）成りというパターンで最終的に個人投資家に売りつけて逃げるという戦略です。結局、プロが素人をカモにするというい つか来た道のニューバージョンというシナリオが考えられます。

金森：確かに、不動産業界は情報の非対称が顕著な分野ですから、マスコミが「今がブーム」とか煽って素人が買いついたときが、業者にとっては絶好の逃げ場というケースは何度も繰り返されてきていますね。

S氏：ファンドの物件取得担当者はノルマがあって、買うのが仕事ですからとにかく買ってしまえということに走りがちです。Ｂｉｔで落札している担当者自身も高いなと思いながらも一度走り出すと止まれないのです。ですから、ファンドが２００５年以降に取得した物件は要注意です。明らかに高い価格で購入してるケースが多々見受けられます。

金森：今のファンドが物件を取得している価格は異常だということですね。では、今後のファンドの動きはどのようになっていくのでしょうか。

S氏：個人的な見解としては、ファンドバブルは今後5年以内の金利上昇局面で弾け、わずかな勝ち組のファンドが多数の負け組のファンドをM&Aしていくプロセスを経ると思います。そのときに、大バーゲンが行われるので、今は物件の取得をそれほど焦る必要はないと思います。このまま一本調子に地価が回復していくとは思えません。投資は、①価格と価値のギャップ、②需要と供給の原則、③マーケットサイクルを判断して、将来の不確実性のリスクをとるゲームだと思います。

いくつかのファンドは、国内での有利な取得は難しいと判断して、いよいよ日本のファンドも海外不動産へ資金の一部をシフトしていく戦略をとり始めています。

いずれにしても、バブルが崩壊してから日本にも不動産投資市場が誕生したわけで、その歴史もまだ浅くダウントレンドを経験していませんので、これからダウントレンドが訪れたときにどう投資家として行動できるかが勝負の分かれ目だと思います。

第7章

物件の選び方

1 管理の悪い物件を買おう

1棟ものの投資が区分所有への投資と違うところは、物件の管理について、自分自身で意思決定できるという点です。

よく「物件は管理で買え」という言葉を真に受けている方がいますが、それは区分所有を買うときの話です。

または、マイホームとしてマンションを購入するときの話です。

そんな話を真に受けていたのでは、他の投資家の後塵を拝するほかありません。そもそも、区分投資とかマイホームとしてのマンション購入の際に、なぜ「物件は管理で買え」と言われているのかよく考えてみてください。

区分所有の場合には、自分の一存で管理会社を替えることができませんし、投資用に購入した物件が、ワンルームだけでなくファミリータイプなど実需系と混在している場合には、当然管理に対する意識の違いがあります。ワンルームを投資用に購入した方の場合には、管理会社に任せて放りっぱなしというケースも多いですから、管理には無関心な方、安ければ安いだけいいという方もいます。

こんな物件は管理もいい加減であったり、そもそも任意売却の物件など、自分にお金が入るわけでなし、お金がもったいないからと管理会社を入れていないケースも多いのです。

そのような物件は、ゴミ置き場も無茶苦茶ですし、エレベーターの落書きもひどい、郵便受けにはピンクチラシが散乱していて、自転車置き場には捨ててあるんだか乗っているんだかわからない自転車が入所者の2倍以上の台数あったりします。

このような物件を見ると、サラリーマン投資家は恐れをなして逃げ出してしまいます。サラリーマン投資家は、管理が行き届いていて、駅から近くて、利回りが高くて、融資がたくさん付いてといった夢のような物件を追い求めています。

そして、その夢を求めてあっちの不動産、こっちの不動産を見て回ってます。

現実は、そのような物件など、世の中には出ないのです。もしあれば、水面下で業者が買っちゃいますので。

でも、よく考えてみてください。仮に、管理が悪い物件があったとして、もしかしたら管理が悪くなったのは、それほど昔のことではないかもしれません。

売主がデフォルト（債務不履行）を起こして、競売にかけられそうになったのはここ1年ほどの間かもしれませんよね。

確かに、区分所有に投資をするのでしたら、管理状態のいい物件を選ばないと大変な目にあうでしょう。区分所有は、どんなに管理が悪くたって、そこから逃げ出すことはできませんから。でも、1棟ものマンションでしたら、管理会社を自分の一存で変更することは可能ですよね？

それが、区分所有への投資と1棟もの投資との根本的な違いですよね？だったら、適切なプロパティマネジメントによって悪いものを元のあるべき姿に戻すだけで、収益力のアップと物件価格自体のアップを図れますよね。たとえば、定期清掃、その他については、シルバー人材センターなどに依頼すれば、1時間当たり900円程度でやってくれます。これによって、自分の意思決定によって管理業者が中抜きする場合のコストの数分の1に抑えることが可能です。

これが、僕が区分投資など絶対にやってはいけないと主張している理由であり、また1棟もの投資の最大のメリットなのです。

このような管理が悪い物件であっても、躯体が傷んでいないのであれば、安く買い叩いてリフォームなどの手を入れると同時に、管理会社を替えるなどして清掃の徹底をすれば、見違えるほど価値が上がります。

管理がよくてピカピカの物件は誰でも欲しいですから、当然売主も強気で利回りも下がってきます。

しかし、管理が悪くて汚い物件は、手を出す人間も少ないため、買い叩くことが可能ですので、その後のバリューアップ次第では、高利回りが実現できます。管理が悪い物件があれば、躯体が傷んでいないものであることを前提に、屋上防水、外壁その他のリフォームの見積もりを出してもらい、リフォームした上で採算がとれる見通しが立てば投資する、このような姿勢が大切です。

躯体については自分で判断しないで、リフォーム業者に見てもらうようにしてください。

トラックレコード(注)。

そんなものあるわけないでしょ。もともと、日本の不動産オーナーは物件を売却する気持ちなどこれっぽっちもなくて、不本意ながら売るケースが大部分ですので、いちいち運用履歴などつけてません。

ですから、リフォームの部分は思いきってお金をかけるつもりでリフォーム費用の分を指値する必要があります。

ボロボロのお化け屋敷のような物件でも、リフォーム次第で見違えるようにすばらしい物件に化けることも多いですし、エントランスやファサード（建物の正面）をリフォームするだけで、物件が引き立つことも多いのです。

トラックレコード
稼働率、管理コスト、修繕履歴などの運用履歴。

2

空室だらけまたは全空きの物件を買おう

空室だらけの物件には、サラリーマン投資家は手を出しません。まして、全空きの物件と聞けば逃げ出してしまうことは間違いないでしょう。

でも、空室だらけの物件の中には面白い物件も含まれています。

まず、空室になっている理由を把握しておく必要があります。

空室になっている理由が、

- その建物の近隣の工場・ゴミ処理場・商店・飲食店などからの臭気、幹線道路・鉄道・トラック集配センターなどの騒音・振動、高圧線が上を通っている
- 何年かに1回浸水する、または浸水したことがある、雨漏りする
- 入居者の中に、騒いだりする不良入居者がいる
- 近所に風俗施設、パチンコ店などがある
- 特殊団体が入居、または近隣にある
- 自殺者、老衰での死亡者が出た、隣がお墓、火葬場

●単身者向けにもかかわらず駅から遠い

であれば、空室が今後埋まる可能性は低くなりますので、やめたほうがいいと思います。

しかし、空室になっている理由が、

●洗濯機置き場が室外、ユニットバス、畳の部屋などで、リフォームによっては、顧客ニーズに合わせられる可能性がある
●任意売却(注)などで、売主が募集活動をいっさい行っていない
●任意売却などで、売主が管理をしていない、または、管理状態が悪い
●売主が資金的な問題で、リフォームをかけていない
●売主が法人で、寮などで使っていたものを全空きで売りに出している
●または、これらの複合的な要因で空室が拡大している

などの場合には、恐れることはありません。

実際、売りに出している物件は、たいていの場合、売主が募集活動をおざなりにしているケースが多いのです。

また、任意売却になっている物件は、どんなに売主が一生懸命募集をかけて

任意売却
債務者のローンが債務不履行になったときに、銀行が物件を競売にかけるのではなく、それより有利な条件で処分すること。

も、結局は銀行に持っていかれるだけなので、誰が金までかけて募集活動をするでしょうか？　バカバカしくてあり得ないですよね。

そんな場合には、きちんとリフォームをして募集をかければ、急速に埋まっていくケースも多いのです。


以上のように、空室だらけ、または全空きの物件の中には投資対象として妙味がある物件もあります。空室を毛嫌いすることがないようにしてください。

なお、空室がある物件を買う場合には、入居者の募集タイミングを見る必要があります。当たり前の話ですが、家賃というものは同じ部屋であっても一年中同じではありません。9月の人事異動の季節とか、12〜3月の新入学、転勤の季節とかには賃料は高めに設定しても、入居者は決まりやすいですし、それ以外の時期には入居者が決まりにくければ賃料を下げざるを得ません。

物件の空室については、タイミングがよければ以前に募集していた賃料以上の賃料で入居を期待できるケースもあります。今の時期から物件を取得してリフォームをかけた場合には、募集時期として適切なのかを判断しながら取得する必要があります。

特に全空きの場合には、タイミングを外せば長期間空室のままで苦戦する可能性がありますので、慎重に取り組みをする必要があります。

駅から遠い物件

また、駅から遠いから敬遠するというのも正しくありません。

東京都心部の方には想像がつかないかもしれませんが、東京でも郊外、埼玉などにちょっと出ると、完全に車社会だったりします。僕は自宅が六本木なものですから、東京の人間の皮膚感覚でいきますと、駅から2キロとか3キロってちょっと考えられないんですが、車社会の方にとっては駐車場さえ完備されていればどうってことないんですよね。そうすると、ファミリータイプの物件の場合には、駅からの近さよりも、近隣にショッピングセンターがあるか、学区の問題、部屋の広さのほうが重要になってくるケースもあります。

実際、僕が「通販大家さん」の会員の方に販売した駅から2キロの郊外の物件があります。物件が任意売却で半年もごたついていた間に、募集活動をいっさいしていなかったため入居者が出ていって、購入時に3室空きだったものが、リフォームして募集をかけたところ、1ヶ月経たないうちに満室になりました。

東京都心の常識で郊外を判断すると、せっかくの優良物件を逃してしまうことになります。駅から2キロとかの物件は、東京の人間は敬遠して、なかなか手を出しません。また、物件の選定の段階で最初から駅から10分以内と切って選んでいる投資家も多いです。

しかし、ファミリータイプの場合には、他の人間があまり手を出さないため、おいしい物件が低い評価のままで結構ころがっていたりします。駅から10分以内というのは、あくまで単身者を対象としたもので、ファミリーで車社会の場合には妥当しないケースもあることを念頭に入れておく必要があります。

逆に車社会の地域では、駅から近くても駐車場がなければ致命的な場合もあります。最低でも、駐車場やバイク置き場、駐輪スペースは確保する必要があります。一般常識からすれば、駅から10分を超える物件は入居者募集に苦戦するため、取り組むべきではないでしょうし、ワンルームや1DKでは駅から遠い物件は致命傷になる可能性がありますが、物件特性によって、近くに大学がある、大きな職場があるなどの場合もあります。レントロール（賃貸状況一覧）から、入居者がどこで働いているのか、あるいはどこの学校に通っているのかといった需要の手がかりがつかめる場合もあります。同じ学校の学生さんや、同じ会社の社員の方が2名、3名と入居している場合もあります。

また、マイソクだけ見ていては、その近隣の需要が見えてきませんが、住宅地図を持って実際に物件周辺を見て回ると、需要が見えてくるケースも多いのです。物件探しの際に、いちばんダメなケースは、データだけで物事を判断することです。必ず現地に足を運んで物件の判断をする必要があります。

3 レントロールからわかること

長期入居者と賃料のばらつき

レントロール（賃貸状況一覧）が教えてくれることはいろいろあります。

たとえば、契約開始日。古くから入居している方の賃料が高いままである一方で、最近契約されたものは空室を埋めるために安く出しているケースがあります。極端な場合には、同じ間取りでも2万～3万円の開きがあるケースもあります。

この賃料のばらつきについて、その理由を把握していないと、利回り的には高い物件であっても、古くからの入居者が高額の賃料を支払っているから賃料収入が引き上げられているだけで、その入居者が抜けると一気に利回りが低下するという場合があります。

賃料は1年中同じではありませんので、ある程度のばらつきがあるのはやむを得ませんが、賃貸借契約の開始日が古いものが賃料が高いというケースの場合には、現在の賃料相場に引きなおして収益力を判断する必要があります。

外人が入居している、その他の理由で高い場合

入居者が外国人である、同居人がいる、その他の理由で賃料が異常値を示している可能性があります。その場合には、その入居者が抜けると賃料が一気に下がりますので、その理由を把握しておく必要があります。

新築から築年数が経過していない場合

新築時からあまり築年数が経過していない場合には、新築時の入居者が借りつづけているケースもあります。その場合には、新築プレミアムで借りていますので、その入居者が抜けると賃料が一気に下がります。

利回りが高くても部屋が異常に狭いケース

利回りが高い物件であっても、部屋が15㎡など異常に狭い物件があります。この場合には、その沿線でそれくらいの面積できちんと入居者が付いているかどうかを調べる必要があります。一時的に何らかの理由で狭い部屋に入居者が付いていたとしても、いったん抜けてしまうと、もはや入居者が見つかる可能性が低い間取であるため、高い利回りにして処分を急いでいる可能性がありま す。各部屋の専有面積のチェックを怠らないようにする必要があります。

売主が関連の人間を詰めているケース

売主が、物件を満室にして売りやすくするために、自分の関連の親族、自分の関連会社の人間、従業員を物件に詰めているケースがあります。

このような場合には、物件の売買が成立した途端に、1人抜け、2人抜けというようにして、あっという間に入居者がいなくなってしまう可能性があります。入居者に売主と同じ苗字の人間がいるかどうかをレントロールでチェックすると同時に、関連の人間が入居しているかどうかを直接確認する必要があります。

生活保護者を詰めているケース

生活保護者の方がまじめに部屋を借りている場合には、きちんと役所からお金が振り込まれてきますのでなんらの問題もありませんが、生活保護者を食い物にするためにNPOなどの皮を被って生活保護者の入居斡旋をしているケースがあります。また、売主がこのような団体と一時的に結託して、物件を満室にしている場合があります。その場合、団体名で複数の部屋を借りている可能性がありますので、なんらかの事情で一気にそれらの入居者が退去してしまうと、募集に苦戦するケースがあります。

かなりの部屋数を同一の法人が借りているなどのケースの場合には、一気に抜けたときの対処法を考えておく必要があります。

1階に店舗・事務所が入っている場合

1階に店舗・事務所が入っている場合には、利回りが高いからと浮かれていては危険です。物件によっては、賃料全体に占める店舗・事務所部分の賃料の割合が60％を超えるものもありますが、そのような物件の場合には、店舗・事務所が抜けると大打撃となり、途端に資金ショートする可能性があります。

特に、住居の場合には、なかなか入居者が決まらない場合でも、賃料を下げればどんな場所であろうが、たいていは入居者は決まるものですが、店舗の場合には立地によって商売が大きく左右されますので、いくら賃料を下げたところで立地が悪ければ半年でも1年でもテナントが決まらないことは十分に考えられます。

ですから、店舗・事務所の賃料に占める割合が大きい場合には、その坪当たりの賃料は適正か？　仮に店舗・事務所が退去した場合に、新しいテナントが見つかる立地か？　仮に見つからない場合に、コンバージョンして住居にした場合に、賃料に与える影響はどれくらいかについて把握して対処する必要があります。

適正賃料はどうやって調べるか

成約賃料を具体的に調べる方法はありませんが、募集賃料についてはathome webで、過去6か月の間にアットホームの不動産情報ネットワークに登録された物件のエリア別、物件種目別、間取りタイプ別平均賃料、平均専有面積、平均平米単価の統計データを提供しています（http://www.athome.co. jp/atweb_static/kanren/souba/index_sap.shtml）。

また、ホームアドパークでは、直近の1か月間に広告されていた物件を対象とし、沿線・駅別、都道府県・市区町村別に賃貸物件を築年数、最寄駅からの時間、間取りタイプ別に毎月その平均賃料を計算し表示しています（http://home.adpark.co.jp/price/index.html）。

これによって、自分が投資しようとしている不動産のレントロールが現在の相場を反映しているか、仮に反映していないとすれば、現在の賃貸相場に引きなおした場合に、自分の物件の利回りはどのようになるかということがわかります。それによって、（めったにないと思いますが）相場よりは低すぎる賃料のままで捨て置かれている物件については、安く購入できるでしょうし、バリューアップが可能です。

逆に、相場より高すぎる賃料の物件については、相場によって引きなおしたＮＯＩ（純収益）を計算することによって、適正な物件価額というものを判断することができます。

4 任意売却はおいしいか？

競売に業者以外の一般の人間が参加するようになってこのかた、落札価格が高騰して、以前のようにはうまみがなくなってしまいました。

それで任意売却に淡い幻想を抱く方がいるのですが、銀行のほうでも少しでも融資残高を回収しようとするので、業者を何社か集めて簡易入札方式で売却を決定します。

相対での任意売却というのは、最近はとんと見かけません。

僕も簡易入札方式などでたまに札を入れることがありますが、結構な田舎なんでこんなところにまでファンドは来ないだろうと高をくくっていて、実際に蓋を開けてみると、ファンドがびっくりするくらい高い金額で入れていたりして、ごっそりと物件を持っていくケースがあったりします。

じゃあ物件はどうやって見つければいいか？

業者間に流れている通常の物件でレインズ（不動産流通機構）に載る前の物件がいちばんおいしいんじゃないでしょうか。レインズに載ってしまうと、あちこちから引き合いが来てしまいますので。

あるいは、レインズに載った後でも、エンドのお客さんが融資付けに困っている間に通販大家さんのようなファイナンスアレンジができる投資顧問業者に依頼して、横取りするのもいいのではないでしょうか。

買い付け証明はどうやって取り扱われるか

買い付け証明などといいますが、ローン特約(注)付きの買い付け証明にはほとんど道義的な意味しかありません。契約優先原則の下では、ローン特約が付いていない買い付けは、ほかに何件の買い付け証明が入っていてもすっ飛ばして一番で取り扱ってもらえますので。

また、実際の業者の買い付け証明とは、先着順に売主に渡すのでもなんでもなくて、個人の与信を見ながら1週間分とかをためておいて売主に渡します。

ですから、業者の方への接し方に気を配り、業者の方から依頼があった書類の速やかな提出などを行っていかないと当然に後回しにされます。

業者の人間は、たとえば「○○の物件について資料送付よろしく」といったメールをよこす人間にはまず物件は出しません。

また、「自分は3000万円持ってるんだけど……」とか、「自分は年収30

ローン特約
売買契約にあたって金融機関からの融資を受けられることを条件とし、仮に融資が受けられなかった場合には、売買契約を白紙撤回できるという特約条項。

00万円なんだけど……」とか言ってくる方がいますが、自己資金3000万円程度のお客さんは、どこの業者にも何千人もいますし、年収3000万円超える方は僕のところにも数え切れないくらい来ます。

そのようなことは、決して強みにならないということを理解しておく必要があります。

そんなことよりも大切なのは、良好なコミュニケーションです。

逆に、良好なコミュニケーションのある方には、一般に情報を流す前に個別に連絡することもあります。

よく考えていただきたいのですが、業者はいつも川上にいるわけですので、その気になればいつでも自分で物件を購入することができます。

それでも、自分で物件を買ってばかりでは商売にならないので、物件を流通させているわけです。寿司屋がいくら寿司が好きでも、毎日自分で食ってばかりいては商売にならないのと同じです。ですから、買ってやっているという態度の人間はまず良い物件を渡してもらえることはありません。

また、顧客もその人間だけでなく、何百人、へたしたら何千人も持っていたりします。

そうすると、業者といえども人間ですから、失礼な物言いの人間には優先的には物件は回しませんし、へたしたら狭い業界なので、これこれの人間が来たという話は、業者間で一発で伝わり、今後の取引にも影響が出てきます。

業者は必ずしも大手がいいとは限りませんし、地場の業者は地場の地主の物件の管理などをしていて、案外おいしい物件を持っているものです。ただし、投資専業でやっている業者は世の中にはほとんどありませんので、きちんと投資のことについてわかる業者を探す必要があります。また、所得税・住民税のことも考慮に入れたキャッシュフローについて理解できる業者と知り合いになっておく必要があります。でないと、ファイナンスのアレンジなどやってくれないでしょうから。

買い付け証明を出しておいて流すとどんなことになるか

買い付け証明を出して、銀行の融資の打診をして、銀行から融資ＯＫの連絡をもらったとします。その段階で、もし物件の購入を取りやめたらどんなことになるでしょうか？

銀行は、次回その人間が融資の打診をしてきても、おそらく断るでしょう。手間ひまかけて、稟議書を上げて、融資の手続きをしたのに、ＯＫが出たにもかかわらず物件の購入を取りやめれば、銀行としては面白くないですので。

また、業者としても、勝手に買主都合で物件の購入をやめるのですから、その人間は二度と相手にしないでしょう。

買い付けを入れるということは、この買主については、自信があって買い付けを出しますということですので、もしその買主がローンで流れたとしたら、業者の面目は丸つぶれです。

また、少し前はそもそも、ローン特約を入れた買い付け自体がレアな存在でした。業者間では通常は、特約など入れませんでしたので。

ですから、指値を入れた後で、ゴネて値引きを要求する、買い付けを入れた後で購入をやめて融資を断るといった行為は、業者に対しても銀行に対しても、今後の取引を非常にやりにくくするものであることを肝に銘じておく必要があります。

結局のところどうすればいいか

その業者の能力にもよりますが、結局のところ良い物件を入手できるいちばんいい方法は、良い業者を見つけて、その業者に任せておくということです。

あなたが個人的にこの物件はダメだと判断したとしても、より高いステージから見れば、その判断は正しくなく、その物件は良い物件かもしれません（逆にその業者の能力が低ければ、単純に悪い物件を押しつけられるだけの結果に終わるかもしれませんが）。

だとしたら、どうしてその物件がいいのかきちんと説明を聞いて、理解していく必要があります。その理由について説明してもらえるようでしたら、業者はきちんと不動産投資について理解したうえで、あなたのバイヤーズエージェントとして機能してくれていることになりますし、合理的妥当な説明ができないのであれば、バイヤーズエージェントとしては不適切ということになります。

良い業者の見分け方としては、以下のポイントがあると思います。

- 売買の仲介だけではなく、業者自らが自己ポジションでの投資を行っていること
- 主として、またはもっぱら収益物件の仲介を行う専門業者であること
- 銀行融資に関する事情に詳しく、融資の支援をしてくれる業者であること
- 開発系業者など、自社の在庫を処分しなければならない立場でないこと

第8章

不動産投資の体験談

これまで述べてきたことで、僕の不動産投資についての説明はおしまいです。

でも、僕が考えている不動産投資というものが必ずしも正しいとは思いませんし、ほかの方の投資手法を知ることは大切だと思います。

最後に、僕の家の近所にお住まいの逢坂ユリさんと、藤田元さんの不動産投資体験についてご紹介しておきます。

その1　逢坂ユリさんの場合

逢坂さんは、日本舞踊やパイプオルガンなどの趣味を持つ可愛らしいお嬢さんですが、彼女は1998年から不動産投資を始めて7年間で国内外で総額8億円弱の資産を作っています。

彼女の不動産投資は自宅を購入したことからスタートします。しかし、その自宅の購入で生み出されたキャッシュフローをもとに彼女は、区分投資、1棟もの投資と次第に資産規模を拡大していき、現在では中国、ニュージーランドでのキャピタルゲイン狙いの投資にまで広がりを見せています。

では、彼女の不動産投資の体験について、早速見てみましょう。

1

転職をきっかけに自宅を買いました

私がいちばん最初に不動産投資をしようと思ったきっかけは、転職をしたときに、女性として体力的にも精神的にもいつまで仕事が続けられるか不安であったことと、うちの父が病気がちだったので、仕事以外にも収入が入れば助かると思ったことでした。

つまり、いずれは自宅の取得が不動産収入につながると考えて自宅を建てたわけです。

まず、1998年に6000万円の自宅を都銀で住宅ローンを組んで建てました。この自宅は、15坪ほどの狭い土地に、自分自身でインテリアの配置や間取を創意工夫して建てましたので、これを通じて不動産についての知識が身につきました。

また、後で出てきますが、区分所有のリノベーションの際の建材の輸入などのノウハウがこのときに蓄積されることになりました。

その当時は、譲渡損失の損益通算の規定がまだ生きていまして、個人が、土地等または建物等を譲渡して譲渡損失が生じた場合、譲渡により生じた損失の金額については、その損失の金額を給与所得の金額から控除する損益通算が可能でした。

勤務していた会社の就業規則で兼業の禁止がありましたので、不動産管理法人を第三者を代表者として設立して、これを約5000万円で私個人からその法人に売却することによって、約1000万円の譲渡損失を作って、これを翌年から3年間繰越控除することで所得税の圧縮をしました。

また、その不動産管理法人が、私の勤めていた会社の同僚との間で賃貸借契約を結び、その不動産を月額50万円で賃貸することで、自宅をその同僚に貸すことが可能になりました。

この家には、最新の欧米の洗濯乾燥機、大型冷蔵庫、食器洗機、有線放送、サウナなどの電化製品を装備して、また照明器具や建具、取っ手、ジャクジーの浴槽なども直接、私自身が海外から輸入したものを取り付けましたので、その同僚もこのこだわりの一軒家を気に入ってくれました（実はおかげさまで、この狭小の土地にデザインされた一軒家は竣工当時、6社の住宅、インテリア、また女性雑誌社からの取材の申し込みがありました）。

私のほうも相手のことがわかっていて、また毎日会社で顔を見ている同僚がテナントであり、自分の知人への賃貸というのは大変安心できて確実に毎月家賃が入金され、最初の不動産投資としてはまぁまぁラッキーだと思いました。

金森からのコメント

会社に家賃補助をしてもらって喜んでいる人間はどうしようもありませんが、ユリさんは、当時節税とは無縁と考えられていたマイホーム取得を、不動産管理法人の設立を通じて税法上のメリットを受けながら実現しています。

2 提携ローンを活用して

最初に買った不動産（1戸建て）を同僚に貸したので、同じく1998年に自己資金5％（225万円）で青山に4500万円の新築の区分（1LDK、50㎡）を買いました。新築でしたので、提携ローンが付いていて、銀行融資には困りませんでした。会社からも近いので、実際ここに引っ越す予定にしておりましたが、マンションを購入した先の不動産業者が想定していた賃料よりもずっと高く貸せるということに気がつき、強気の家賃設定で市場に出したら、新築の力ですね。すぐにテナントが決まりました。ここは、月額賃料36万円でNOI（純収益）が7％（グロス9・6％）ですが、新築から現在に至るまで、IT会社の経営者や芸能人が借りてくれて満室稼働です。

この物件の投下資金は、自宅の譲渡損失の繰り越し控除の影響もあって、2年かからないで回収してしまいました。

実は最近では毎月のように、不動産業者からこの部屋を5500万円位で買いたいという人がいるので売ってほしいという電話があります。でも、万が一日本にハイパーインフレが起こった際には、こういう青山や麻布、赤坂のマンションが結構値上がりすると期待してますので、私のお宝としてあと3～5年は保有しようかと考えてます。

ワンルームマンションの新築でのキャピタルゲインは今後の日本では少々厳しいとは思うのですが、1998～2004年頃に建てられた、立地のいい大型物件は、部屋によっては分譲価格の110～130%で売買されており、また中古として出てくるのをずっと待っているような希少物件というのは実は都内には数棟あります。

一般に新築は買った瞬間に価値が下がるといわれますが、私が渋谷区で見た、本当に良い物件は抽選倍率330倍でした。なんだか、昔のバブルのようですが、そのような新築を青田で買って建物完成後にそれなりの利益を乗せて転売している投資家の方々も相当数いらっしゃいます。これも1つの目利きが要求されますけど。

金森からのコメント

今では、青山で新築でNOIが7%なんて考えられない数字ですが、確かに1998年頃は皆が不動産に対して総悲観でしたから、掘り出し物を見つけることができたんですね。人がやらないときにいち早く取り組みをするのが、投資のコツですね。

また、都心一等地では通常の需給関係を超えた価格形成がされているエリアがありますが、そこに絞り込んだ戦略は目利きができれば面白いと思います。

3

中古区分のリノベーション

2000年から2003年にかけて、築20～30年の古い区分（1LDK、35～70㎡）を赤坂、麻布、表参道などで、都銀や信託銀行のフルローンを組んで2000万～4500万円で購入しました。

そして、インテリアの趣味を生かして、イタリアからタイルを直輸入したり、内装業者を叩いたり、ヤフーオークションで安い部材を落札したりしながら、水廻りを含んで戸当たり100万円から200万円でデザイナーズ系マンションにリノベーションしました。単なる築年数の古い区分所有のバリューアップを図って、高い賃料設定で賃貸に出したわけです。

自分自身、もともと、インテリアとか家具にはとても興味がありましたので、このリノベーションは自分のセンスが生かせたと思います。また、イタリアからのタイルの直輸入などは、自宅を建てたときのノウハウを生かすことができました。

その際に、業者にぼられると困りますので、ホームセンターなどに行って、ムク材などの部材の㎡単価や壁紙の㎡当たりのコストなどを細かく調べて、私から見積もりに単価指定をしたため、かなり安くあげることができました。

　これだけ住宅ストックが積み上がってきている日本で、単に購入してリフォームして賃貸するのでは何の芸もありません。ほかの方の真似をしていて勝てた時代、付加価値を付けず右から左に物件を流していても儲かった時代は終わりました。

　これからの人口減少下の日本においては、競争力のない物件は、淘汰されていきます。新しい価値を付け加えるからこそ競争力が生まれてくるわけです。都心一等地においては、これから賃貸、実需に限らずリノベーション物件がどんどん出てくるのではないでしょうか。

金森からのコメント

このリノベーションは、内装、設備などに創意工夫をすることで築年数の古い中古物件であっても賃料収入を増加させることが可能という意味でも、今後広まっていく手法だと思います。

一定の賃貸市場というパラダイムの下での賃料相場というものは、築年数、立地、広さなどで決まってきて、均衡状態をつくり出すでしょうけど、デザイナーズ物件、リノベーション物件においては、そのパラダイムに収まりきらない価値を提供していくわけですから、従来の均衡状態の賃料相場に従う必要はありませんね。

リノベーションまで考えて不動産投資をされる方は、今はごくわずかだと思いますが、大いに勉強になる事例です。

4 1棟もの投資へ

2005年に入りましてから八王子1R（ワンルーム）20室8000万円を2棟、相模原1R30室1億5000万円を1棟、横浜1R15室1億2000万円を1棟の都合4棟を買いました。それぞれ、グロスでの利回りは14%、11%、10%です。

この際に気をつけたことは、8000万円以下の低額物件はキャッシュ客が買ってしまってすぐになくなってしまうこと、高額物件はファンドが高値で拾っていってしまうことから、8000万～2億円のレンジに絞って物件を探すということでした。

ここまでで、都合投資総額6億2000万円、年間家賃収入が6000万円強になりました。

金森からのコメント

確かに、物件のレンジを絞ることは大切ですよね。僕もファンドが手を出す5億円以上の物件には取り組まず、5億円以下の物件を「通販大家さん」でお出ししていますが、その方針とまさに軌を一にするものです。

また、低額物件については、おっしゃるとおりで、キャッシュ客が出れば、どんなにローン特約付きの買い付けが入っていても、契約優先原則で買い付けは飛ばされてしまいますので8000万円以下の物件は徒労に終わる可能性がありますね。

5 海外不動産投資へ

1棟もの投資が一段落つきましてから、中国に出まして広州（3LDK、120㎡）1500万円の新築、中古それぞれの区分を2戸、香港（1LDK、40㎡）2000万円の中古の区分1戸を買いました。

資金調達は、永亨銀行と、HSBC（香港上海銀行）でUSドル建てです。

これは、インカムゲインは考えていません。3年程度で外国為替の相場を見ながら売却しようと考えています。

また、ニュージーランドのオークランド市の中心で庭付き1戸建て（土地500～600㎡、延べ床200～250㎡、駐車場2台付き）築15～100年を3500万～5500万円で3戸買いました。

築100年の物件というとびっくりされる方もいらっしゃると思いますが、ニュージーランドは日本と違いまして、湿気も少なく、最低でもあと50～100年は物件が持つといわれてます。

ニュージーランドでは年15～20％の割合で地価が上昇しておりまして、今後5～7年で出口を迎えてキャピタルゲインをとる目的です。

この際に、通常、非居住者であれば銀行融資を受ける際に自己資金を30〜40％入れる必要があったのですが、私はこの自己資金部分、および金利やローン期間については自分自身の金融機関での経験と知識をもとに現地の銀行と折衝して、最終的に自己資金5〜10％、また金利などの条件でも優遇してもらうことができました。

交渉の方法などの詳細については、こちらでは割愛させていただきますが、まずは購入金額よりもはるかに高い不動産鑑定評価価格の出そうな物件を選択します。つまり、売り出し価格を叩いて思いっきり指値を入れて、安い価格で購入します。そうすると、もともと銀行の融資方針として、その評価金額に対する貸付枠（掛け目）が70％までだとしても、高い評価の出そうな物件を選んでいるので　当然ローン金額は大きくなります。さらに、奥の手として、ニュージーランドではNZドル建てで6ヶ月定期預金の金利が7％です。たとえば、物件価格の30％程度の頭金相当の定期預金をNZドル建てで積み、それを担保に円金利2・3％でほとんど必要自己資金を調達してます。

もちろんこの際、為替リスクをとっておりますが、それはあらかじめNZドルが対円でいくらになれば、自分のポジションがどうなるかというシナリオは設定しております。ここは非常にテクニカルな話題になりますので、もしご興味を持っていただける方には、個別でご案内させていただきます。

ただポイントは、自分が想定していたよりも少ない自己資金で物件が購入できたことと、キャピタルゲイン狙いであるので日本の不動産投資のように10%以上のインカムゲインは狙えないですが、月々のキャッシュフローはマイナスにしたくなかったので、出口戦略も考慮して、私はこのような少々レバレッジの高いスタイルでの投資方法を選択したという点にあると思います。

この資金調達の面においても、ニュージーランドは不動産投資大国ですので、さまざまな方法があり、選択肢はかなり豊富なようですね。

私自身も初めての体験でしたので、今回いろいろ勉強になりました。

金森からのコメント

僕は海外不動産については不案内なんですが、ニュージーランドが年率15%の地価上昇率とはすごいですね。

ユリさんは海外不動産投資に関する書籍をトランスワールドジャパンから2005年12月に出版されますので、海外不動産投資に興味がある方は、読んでみてください（http://www.aisakayuri.com）。

6

投資のコツ

まず節税について。金森さんも第5章で木造はブレーキだと書いてますが、私も木造はお金のない方がするべきではないと思います。木造を買う場合でも、私でしたら単に築22年のものを購入するだけではなく、借地権のものを取得します。そうすれば、土地の割合はいっそう引き下げられますので、減価償却によって大きくキャッシュフローがとれます。あとは、現在は繰り越し損失のある赤字企業の買収などによる節税スキームも考えています。

次に投資手法について。

私は、物件を長期間保有してのリスクをとりたいとは思いません。ですから、投資指標としてもLTV、ペイバック期間（自己資金回収期間）、ROIを中心として見ていっています。利回りが高くても、自己資金比率が高く、結果的にROIが悪くなってしまう物件はレバレッジがあまり効きませんので、取り組みません。OLが一生懸命に働いてもらったお給料の中から貯金したお金ですから、なるべく自己資金は使いたくないですよね。5年間をおおむねの基準として物件を入れ替えていくのがいいのではないでしょうか。

その2　藤田元さんの場合

藤田元さんは、愛媛で賃貸経営をされている2代目の若社長です。藤田さんが不動産投資を始められたきっかけは何ですか？

1　当座貸越枠を手に入れて

不動産投資の始まりは、父が18年前に始めたゴルフ練習場（約4000坪）です。

このゴルフ練習場は幹線道路沿いにあります。その周辺に地目が山林等で現状少し山になっている所を坪当たり3万円程度で買って造成し、地目を雑種地にすると路線価が坪12万円程度になり銀行評価がアップしました。そこに、当座貸越枠を設定し、いつでも1億円程度借りられる体制を作りました。

そんなわけで土地が安く買えたこともあり、含み益が発生したため、この含み益を使って物件の取得を始めたわけです。

金森からのコメント

坪3万円で1億2000万円だったものを、手を加えて造成することで4億8000万円の価値に引き上げたわけですね。貸越枠があれば、機動的な物件の買い付けが可能です。

地目変更によって担保評価を作り出す作戦は非常にユニークだと思います。

では、藤田さんの投資戦略について見ていきましょう。

2 投資方針について

まず、15年前に、地元の業者が持て余していたテナントビルを父が自社利用目的で安く買ったのが1棟目です。

私のモットーは「利は元にあり」です。これは小さい頃から繰り返し父から教え込まれました。こちらのソロバンに乗ってこないものは一切買いませんし、競争相手がある場合も原則私1人になるまで買いません。

その後バブルの崩壊があり、人口6万人弱の田舎町にもその影響がありました。しかし、2～3年の間は私のメガネに叶う投資対象がありませんでした。あるとき、新聞を読んでいるとアメリカでは不動産投資は収益還元法を用いて行うのが普通だという記事を目にしました。いろいろ調査した結果、1棟売マンションへの投資がいちばんよいと判断しました。

そのとき立てた投資方針の概略を紹介します。

①金利変動リスクを見越してグロス利回り10％以上を買う。
②買収後10年間は外装の補修を抑えるために築10年以内のものを買う。

③入居率の高そうな地区を選ぶ。
④銀行は担保主義が根強いので評価額の高いものを買う（固定資産評価額、路線価）。
⑤目標――やるからには年間家賃収入1億円以上を目指す。
⑥売却時の処分容易性を考え、共同担保は付けずにその物件のみで担保を付ける。
⑦しっかりした不動産業者を選び、物件管理と入居率のアップを依頼する。
⑧地方は県庁所在地に人口が集中・流入しているので松山地区にメインで投資する。

最初は「収益マンションはないかな？」とアンテナを張るだけでしたが、焦点を絞ると情報が集まるもので、地元新聞で1億4000万円利回り8・14％という不動産情報を見つけました。そこに電話したのが私のマンション投資事業の始まりです。その業者とは今でも付き合っています。

金森からのコメント

投資戦略を立てて、自分の基準に合わないものは、基準を曲げてまで投資しないということは失敗を防ぐ上で大切ですね。物件に惚れる、値に惚れるようなことがあっては、投資における成功はおぼつかないですので。

収益還元法という言葉は、今でこそ一般的になってきましたが、5年以上前にアメリカの事例に着目して収益還元法の考え方で投資をスタートされたとは着眼点が鋭いですね。

また、藤田さんが物件情報を絞り込んでいったのはすばらしいと思います。何でもいいから物件をくれといわれれば、不動産屋は物件の出しようがないですし、仮に出してもこちらの条件と合わずに買わなければ情報を出してくれなくなります。その点、具体的に絞り込んでおけば、自分で探す場合には物件も目にとまりやすくなりますし、情報を出す業者の印象にも残るため確実に覚えておいてくれますね。


では、藤田さんはどのようにして物件の拡大戦略をとっていったのでしょうか？

3 物件の拡大戦略

物件の拡大戦略の肝は2つあります。

1つ目は、先ほど述べたゴルフ練習場の開発による1億円の当座枠の確保でした。この当座枠は、手付金および満額融資がおりない場合に使用します。

2つ目は、入居率の確保・家賃収入の安定化です。いくら担保価値があり、利回りのいい物件が出たとしても、現在所有している物件に空室の多い場合は融資を得ることが難しいです。賃貸事業は単発で成果が決まる性質のものではありませんので、いかにして継続的に保有物件の価値を高めてキャッシュフローを増加させていくかに注力する必要があります。

金森からのコメント

物件の成長には、追加投資による外部成長だけではなく稼働率のアップによる内部成長も重要です。確かに、1年でつづけて何棟か取得した場合、銀行はその取得物権の稼働状況を見るために、一時的に融資をストップする場合がありますね。物件の取得にばかり目が行っていて内部成長への力の入れようが疎かになっている方は、最終的には物件の取得さえできなくなります。内部成長にも目を配ることが長期的な投資には必要だという点、読者の方の参考になると思います。

ところで、藤田さんは、整理回収機構の物件も取得していますよね。このときの事情を教えていただけますか？

4 整理回収機構の掘り出し物

5棟目の相手は整理回収機構でした。物件が出た当時、私はこの物件の情報を知らず、後になって知ったのですが、1997年から隣町で4億5000万円程度で出ていたようでした。しかし、田舎で1億円以上の物件はなかなか売れません。1999年に、2億5000万円で再度売り出しましたが、全国的に銀行融資が厳しい時代だったので、隣町の投資家で買う人はいなかったようです。

値下げされた際に、知り合いの業者から話が来ました。物件を見に行くと、管理状態が悪く、いたるところにゴミがありました。そんな状態だったので、入居率も60%を切っていて初めて収益物件を買う人にはかなり勇気がいるし、銀行も融資を付けにくいと感じました。そして、私以外に買う人はいないだろうという判断のもと、2億円で申し込みを出しました。そうしたら、整理回収機構も期限の決まった達成ノルマがあったらしくて、私の申し出が通りました。今振り返ってみると、8棟の中で最高の利回り（年収3600万円）をたたき出すこの物件を買えたことは、とってもついていました。

私は、基本的に、自分のことを楽天家で運があると思って行動を起こします。その成功例になったと思います。

金森からのコメント

整理回収機構が損切ってしまわなければならない状態で、競合がいなかったというのはすばらしいツキですね。本書でも第7章で「管理が悪い物件を買おう」として書いていますが、一般の投資家が尻込みする管理が悪い物件こそ、きちんと手を入れれば高利回りになるというよい事例ですね。

ピカピカの物件というものは、すでに業者が手を入れてそれなりにお金をかけたうえで利益を乗っけて売りに出す物件ですから何の面白みもないのですが、僕のところにくる初心者の方はどうしてもピカピカの物件を買おうとします。そのような方は、よく藤田さんの事例を参考にしてみてください。

ところで東京だと、資金調達をする場合にメインが都銀で、サブで地銀、信金、オリックス信託という形が通常かと思うんですが、藤田さんは愛媛でどのような調達をされたのですか？

5 資金調達の手法

1999年に2〜5棟目の4棟を取得したときは、地元農協で2棟融資してもらいました。農協には、融資額の上限がありますので、次の2棟は地銀で融資をしてもらいました。その後、2003年、2004年、2005年に1棟ずつ取得しましたが、それは、信金にて融資を受けました。融資のスタンスは、農協、信金は満額融資（諸経費込み）で、地銀は売買金額に対して9割融資程度です。

どの金融機関でもいえることですが、物件1つ1つのキャッシュがちゃんと回り、借入金の返済が余裕をもってできることが融資条件です。

金利レートは2・4〜2・8％、返済期間は15〜30年でした。

今後の方針としては、次のように考えています。

まず、愛媛県でもグロス利回りが10％を超えて、なおかつ、私のメガネにかなうものが時々出ますので、それを年に1棟ずつ取得していこうと思います。

それと、2006年中に、通販大家さんの紹介物件で、関東地区で年間家賃収入を3000万円にもっていきたいと思います。

また、当社には内装センスが卓越した社員がいるので予算の範囲内でリニューアルをし、少しでも高い家賃で貸せるようにします。

また、物件が増えていますので、管理を自社管理に切り替え、年間入居率を95％以上にします。

金森からのコメント

地方においては農協は、資金調達において重要な位置づけをするわけですね。勉強になりました。地銀と信金で補完というのは都市も地方も変わらないですね。

管理については、物件が数十室の場合には管理は外注するほうが経費効率上もよい場合が多いですが、一定規模を超えると外注による管理コストの増大と自社管理に切り替えた場合のコストを比較した場合に、自社管理のほうがコストダウンになるようになります。その場合には自社管理に替えていったほうが入居率の向上という目的も合わせて果たせますので有効ですね。

また、内装に工夫を凝らしてバリューアップを図っていくことで、外部成長だけでなく、内部成長によるキャッシュフローの増大を図るバランスのよい投資をされていると思います。

6

継続して物件を取得するためには

8棟所有した私が思う、物件を探し、買いつづける良い方法は次のとおり。

①自分を見失わないように自分の投資条件を決める。
②自分の体力に合わせ1棟買ってみる。まず、一歩を踏み出さないと始まらない。
③自分が信頼できて相性のよい業者を見つける。これまでいろんな業者が、物件を紹介してきましたが、不思議なことに相性の悪い業者の場合には売買にまで至りません。
④続けて買っていくためには、年間の入居率を90%以上キープする。入居状態の悪い物件ばかりでは、銀行融資がおりません。
⑤内装は入居案内に来たときに印象を残せるようなレベルに保つ。
⑥家賃の相場には常に焦点を当てる。周辺状況を考慮し家賃を決める。
⑦管理業者の担当者とのコミュニケーションは十分すぎるくらいとり、現状の把握に努める。

⑧キャシュフローは十分意識し入居率80%でも銀行支払いができるものを極力買う。

⑨金利は一度決めてしまうと原則変更がきかないので自信を持って銀行に交渉する。

⑩銀行の支店長・担当者とは良き信頼関係を築く。

⑪愛媛県では投資対象物件を1億円から2億円程度に絞る。1億円未満は一般の方が買いやすいので。私の物件の取得価額は最高2億2000万円、最低1億2500万円です。

などたくさんありますが、買うために重要なのは③、買いつづけるために重要なのは④⑩です。

金森からのコメント

物件の取得、保有、管理、資金調達すべてにバランスのとれた内容ですばらしいと思います。まだ1棟しか所有していない方は、ここで述べられた意味を噛みしめる必要があります。

藤田さんに述べていただいた条件のどれが欠けても、不動産投資を継続的に行っていくことは難しいでしょう。

7 現在の投資状況

最後に、私の所有物件についての現在の状況です。

所有8棟のうちはじめの1棟は自社利用なので残りの7棟について話しますと、2005年7月現在の投資残高9億5960万円、家賃年額1億2782万円。

投資残高に対する利回り13・3％（残高が年々減っていきますが1つの指標として使っています）

総戸数186戸：ワンルーム2棟44戸
ファミリー5棟142戸
入居率91・9％（171／186）

金森からのコメント

多くの物件を高い入居率をキープしながら維持していくことは、地道な労力の積み重ねなくしては実現できませんね。また、他を頼らず自分自身の投資判断によって確実に資産規模を拡大していく藤田さんの投資スタンスは、読者の方にもぜひ参考にしてほしいです。

最後に藤田さんから僕への多分な言葉をいただきました。感謝。

最後に金森先生について思うこと。

私が金森先生を知ったのは、ジェイ・エイブラハムの『ハイパワー・マーケティング』（インデックスコミュニケーションズ）の監訳者だったからです。そして、通販大家さんにメルマガ登録をしてご縁ができました。

すげー不動産屋が現れたなという感じです。不動産土地建物についての仲介手数料年間1億円はいくと思う、これは業界では驚異的なことだと思います。ネットで集客し、融資段取りをとり、自分の信頼力を生かし、次々と契約を決めていく。絵に描いたようにとは、このことだと思います。知り合いの業者と話しますが、あまりピンときている人はいません。私は、かなり刺激を受け、今、じっくり考え、自分の方向性を決めています。

もう1つは、実は、収益物件を買うときには当然のことなんですが、10年、20年後の人口増加についてかなりの重点を置いている点です。目先の利回りに目が行って、10年、20年後はどうにかなると考えがちなのに。尊敬します。

あとがき

本書では、現物不動産投資を煽るつもりはさらさらありません。

不動産投資信託のほうが流動性も高いわけですし、専門家が不動産を運用してくれます。さらにいえば資産運用には株式投資などほかにもいろいろな投資対象があります。

だから、本書を読んだからといって、専門家による不動産の運用以上の成果を出す自信がない方は、現物不動産への投資はやめたほうがいいです。

何も好き好んで、億単位の借金をすることはないんですから。

また、僕が「サラリーマン流不動産投資道場」というサイトで不動産投資レポートを書き始めた２００４年12月頃は、まだまだ地価の下落傾向が続き、物件も取得しやすかったのですが、２００５年に入ってから銀行の融資姿勢が変わったこともあって、収益物件については急速に売主が強気に傾いてきました。

ですから、今が買い時だなどとはいいませんし、第6章で出てきたようにファンドバブルが弾ける過程では拾い場が出てくると思います。そうはいっても、いつの時代も掘り出し物というものはありますので、現在の状況下でも、きちんと取り組みをしていればチャンスは何度でも訪れるはずですが。

しょせん人間糞袋。

僕はもともと27歳まで定職に就かずにプータローをやっていた人間です。だから、失敗して破産したって屁でもないのです。しょせん人間は、5尺3寸の糞袋ですから、また元のゼロから始めればいいんです。

紙と鉛筆を使って3年で行政書士で年収1億円に届いたのですから、また一からやり直すまでです。実際サラリーマンをやっていて年収1300万円だったときと、収入が増えたときを比べてみて何が変わったかといいますと、生活はほとんど何も変わっていません。

じゃあ、なんでそこまでして現物不動産投資をやるかといいますと、単純に好きなんでしょうね。

現物不動産は税引き後のキャッシュフローを計算してもらえばわかりますが、フルローンで資産を拡大していった場合にはネットで8%ぐらい回る物件であっても、元利金を返済して税金を払ったら手の上に残るのはよくて資産総額の1・5%程度です。収益不動産が100億円分あってそれらが全部ネット8%で回っていたって、手の上に残るキャッシュは毎年せいぜい1億5000万円程度にすぎないわけです。

そこまでリスクをとってやるほどのものじゃあないです。

そんなヤケドは読者の方にしてほしくないです。

でも僕はやることを予定しています。

そして、どうしてもやりたいという方が「通販大家さん」には集まってきます。みんな不動産が好きなんですよね。

僕のところでは、銀行とのパイプもありますし、銀行融資のアレンジもできます。

また、レインズ（不動産流通機構）に載る前の物件も、あります。

現金が3000万円も用意できれば外資系銀行でのノンリコースローン（168ページ参照）も組めますし（こんなことは、数年以内には都銀でも常識になるかもしれませんが、2005年10月現在、エンド客向けに直接1億円程度の小規模のノンリコースローンを組める会社は世の中にそうそう多くはありませんね）、リーシング・建物管理の手配も可能です。

やろうと思えば、何だって実現できる道具は揃ってます。

でも、1つだけこちらで用意できないものがあるんですよね。


それは、あなたの胆力です。

朝《あした》に紅顔《こうがん》あって世路に誇れども、暮《ゆふべ》に白骨となって郊原に朽ちぬ（この世は無常なので人間の生死は予測できないということ）（『和漢朗詠集』より）

人間なんて死ぬときには死にますので、それまで世の中で思う存分遊んでやろうというやる気のある方でしたら、何回かの挫折の後、きっとうまくいくでしょうね。

野垂れ死にしたくない方は、やめておいてください。

でも今、日本はこんな状態になっていますよ。ちょっと見てみましょう。

ジニ係数

厚生労働省の平成14年『所得再分配調査報告書』という報告書があります。

この中で、ジニ係数というのが出てきますが、これはローレンツ曲線（所得を低い順から並べて世帯数の累積比率を横軸に、所得の累積比率を縦軸にとって描く曲線）を描くことで求められる、社会の富の偏在性についての係数です。

ローレンツ曲線

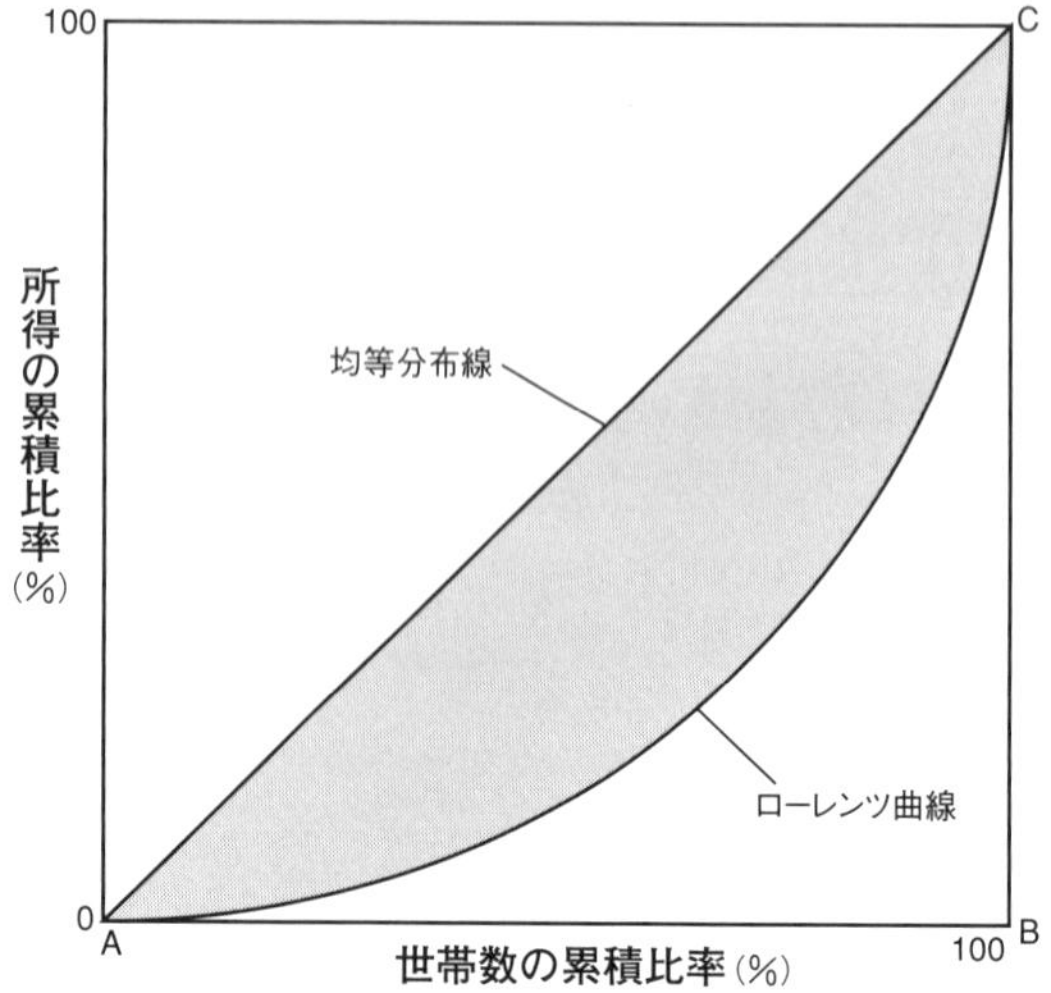

ジニ係数＝▭の面積／三角形ABCの面積（×100%）

ローレンツ曲線については、前ページの図を見ていただいたほうが理解が早いでしょう。ありていにいえば、ジニ係数とは世の中の所得の不平等の程度を示す係数です。

マスコミは大衆層であるサラリーマンに迎合する報道しかしませんので、このような情報は大々的に報道されることはありませんが、ここ数年の日本のジニ係数は下表のとおりです。

このように客観的なデータからも貧富の差がどんどん拡大していっていることが読み取れます。世の中は、このような流れになっているのです。

日本の現状でいうと、0・4983という数字はざっくりと上位4分の1の人間が所得の4分の3を独占して、残りの4分の3が所得の4分の1を分け合っているという状況です。

横並び意識のサラリーマンの首筋から、氷水を流し込むような状況ですよね。

これをひどい状態だと思いますか?

とんでもありません。

ジニ係数の国際比較でいうと、等価可処分所得で日本はまだまだ格差社会アメリカや階級社会イギリスに及びません。

ということは、これからも、もっともっと貧富の差は拡大していくことになります。一握りの勝者がありあまる富を独占し、残りのほんのわずかを、その

ジニ係数

平成2年	0.4334
平成5年	0.4394
平成8年	0.4412
平成11年	0.4720
平成14年	0.4983

他大多数の人間が分け合う社会がすぐそこに来ています。

右肩上がりの経済成長を前提とし、個人の個性は否定されるが、その代わり努力した人間も努力しない人間も年功序列で勤続年数に応じて等しくポストが用意されて所得が上昇してきた日本。高所得者が労働意欲を失うほど税率を高めて、それを低所得者に再配分することで結果の平等を実現してきた日本。そのため日本人の9割が自分は中流だと勘違いしてきた日本。

その意味で、日本は最も成功した共産主義国家でした。

でも、これからの日本はようやく資本主義の道を歩み始めます。そして中産階級が二分して、貧富の差は確実に拡大していきます。

資本主義社会は、厳しい自由競争の中で実力ある者のみが生き残る適者生存の原理が貫かれます。僕は政治のことはよくわかりませんが、世の中の流れは政治では変えられないでしょう。それは、社会主義国家である中国に極端な貧富の差が存在することからも明らかです。

流れは変えられないのですから、その中で自らを最適化していかないと自然淘汰されちゃいますよね。

このジニ係数を見れば、「横並び意識」など捨て去って、富の獲得競争に向けて猛然とダッシュし始めなければならないことは、おわかりだと思います。

世の中は、運にしても資力にしても能力にしても、不平等にできています。平等なのは学校の教室の中だけで十分です。

そんな不平等な世の中でハンデを跳ね返して成功を収めるために、本書には、持たざる者が胆力さえあれば持てる者と同じ土俵に上がれて、理詰めで資産の増加を図ることができる具体的なノウハウを詰め込んであります。

また、本書の内容をすぐに実行に移したいという方は通販大家さんのメルマガを購読してみてください。

「通販大家さん」〈http://www.28083.jp〉から登録できます。

人間の潜在能力は無限です。その潜在能力が、常識の壁を超えて高度に発揚されるときに破壊的成功をもたらすことは、本書のたくさんの事例を見れば明らかです。

あなたの破壊的成功をお祈り申し上げます。

二〇〇五年九月

金森重樹

［著者］

金森重樹（かなもり・しげき）

1970年生まれ。東大法学部卒。ビジネスプロデューサー。投資顧問業・有限会社金森実業代表。物件情報の提供から、融資付け、賃貸募集の支援まで行う会員組織「通販大家さん」を運営し、会員が億単位の資産形成をするのをサポート（会員数1万2000人）。読者数10万人のメールマガジン、「回天の力学」の発行者として、マーケティング業界でも著名。
『超・営業法』（PHP研究所）、『ハイパワー・マーケティング』（インデックスコミュニケーションズ）、『大富豪になる人の小さな習慣術』（徳間書店）、『インターネットを使って自宅で１億円稼いだ！　超・マーケティング』（ダイヤモンド社）など、著書・監訳書多数。
通販大家さん
http://www.28083.jp
金森重樹オフィシャルHP
http://www.kanamori.biz

1年で10億つくる！　不動産投資の破壊的成功法

2005年 10月27日　第１刷発行
2006年 11月13日　第８刷発行

著　者——金森重樹
発行所——ダイヤモンド社
〒150-8409　東京都渋谷区神宮前6-12-17
http://www.diamond.co.jp/
電話／03・5778・7236（編集）　03・5778・7240（販売）
著者エージェント —アップルシード・エージェンシー http://www.appleseed.co.jp
装丁————清水良洋（Push-up）
本文デザイン——西澤幸恵（Push-up）
製作進行——ダイヤモンド・グラフィック社
印刷————八光印刷（本文）・慶昌堂印刷（カバー）
製本————川島製本所
編集担当——佐藤和子

ISBN 4-478-62069-5